破局

提升商业效率是营销战略的核心

赵 宁 刘高原 著

台海出版社

图书在版编目（CIP）数据

破局：提升商业效率是营销战略的核心 / 赵宁，刘高原著 . -- 北京：台海出版社，2024. 10. -- ISBN 978-7-5168-3978-2

Ⅰ . F276.3

中国国家版本馆 CIP 数据核字第 2024Q4L320 号

破局：提升商业效率是营销战略的核心

著　　者：赵　宁　刘高原

责任编辑：王　萍　　　　　　　　装帧设计：刘昌凤

出版发行：台海出版社
地　　址：北京市东城区景山东街 20 号　　邮政编码：100009
电　　话：010-64041652（发行、邮购）
传　　真：010-84045799（总编室）
网　　址：www. taimeng. org. cn/thcbs/default. htm
E - mail：thcbs@126. com

经　　销：全国各地新华书店
印　　刷：三河市元兴印务有限公司
本书如有破损、缺页、装订错误，请与本社联系调换

开　　本：880 毫米 ×1230 毫米　　　　1/32
字　　数：156 千字　　　　　　　　印　　张：6.375
版　　次：2024 年 10 月第 1 版　　　印　　次：2024 年 10 月第 1 次印刷
书　　号：ISBN 978-7-5168-3978-2

定　　价：59.80 元

　　我写这本书的初衷是告诉大家，身处日新月异的时代，我们要根据类别的发展规律与趋势，判断出未来的机会，做好五年的战略规划，用更符合需求的产品实现营销破局。

　　未来十年，运用"商业科学系统"是民营企业逆势增长的关键点。

提到营销战略，我发现企业的创始人们对营销战略理解有四个层级：

第一层级，对营销战略一无所知，几乎不会提到营销战略，这个概念对他们来说非常陌生。

第二层级，认为企业确实需要营销战略，但难点在于如何制定。当前充满不确定性的环境使创始人经常感到迷茫，或者倾向于直接应对眼前的事，很少考虑长远规划。

第三层级，认为企业的最佳营销战略是快速试错，跑出现金流。活下来，确保企业生存，这是最高的营销战略。

第四层级，对于企业而言，通过制定有效的营销战略来创造竞争优势，从而实现营销破局。这是最重要的任务。

我们欣喜地看到，很多创始人对营销战略的理解已经达到第三个层级。这一层级企业的主要任务是确保企业生存，对于企业而言，活着就是最好的目标。

在过剩时代和消费者主权时代，企业不仅需要制定营销战略，

　　而且对营销战略的依赖性更为显著。好战略的本质是创造竞争优势，企业的营销战略主要是做一件事：把产品卖爆，把产品卖爆，把产品卖爆，并至少实现数千万以上的利润。这是营销破局最为关键的目标，所有的战略和战术都应围绕此目标展开。

　　企业的困局，是缺钱，缺人才，缺故事，缺推广。其实最缺的是把产品卖爆的方法论，即一种适合企业创新的营销战略。那么，企业如何才能把产品卖爆呢？

　　战略管理学家阿诺尔特·魏斯曼曾经说过，一个问题的解决，总是依赖于与问题相邻的、更高一级问题的解决。

　　第三层级，确保企业生存不能用"生存"维度来看，"企业如何生存"是战略问题，如何通过战略来创造竞争优势就是更高一级的问题。营销战略的任务是提升品牌力、产品力和传播力，并规划远期的战略目标，使企业能够在更高层级上与同行竞争，从而实现营销破局。企业提升品牌力和产品力的同时，构建最小可行产品（MVP），并快速地进行试错，目的是把项目跑通，跑出现金流。

　　企业如果想从根本上解决"消费者为什么选择你"这个课题，一定要有破局思维，通过营销战略解决企业"如何创新"的问题。营销战略的任务是，帮助企业在目标市场创造价值。这里有两个要点：第一，要找到对企业有战略意义的目标市场；第二，为目标市场提供独特的价值主张。

　　企业应该如何进行创新呢？实际上，企业的创新方向应当与大型企业成功的本质相一致，需要打造出一个现象级的产品。流程是，发现社会问题，解决社会问题，提升商业效率，最终通过创造客户价值来实现爆发式增长。

很多朋友喜欢看"大型企业的成功案例"，主要是为了学习这些企业的成功经验。然而，他们常常看的时候热血沸腾，但冷静思考之后，却不知道怎么落地。我也喜欢阅读这类报道，并一直思考商业成功的核心是什么。最终，我的朋友刘高原为我解开了这个谜团。刘高原在战略咨询领域拥有十年的丰富经验，成功策划了三十多个战略咨询项目。

他曾与我分享过这样一个观点：一切好生意的核心都是"高效率满足用户需求"。这句话我听来颇有深意，尽管我能大致理解其含义，但对于不熟悉商业思维的人而言，可能就不太容易理解了。我一直希望能将这一理念用更通俗的语言表达出来，让大多数人易于理解。

因此，我决心将其融入一本书中，帮助企业创始人在起步阶段就能制定成功的营销战略。书名经过了几十次的修改，最终在 2024 年 3 月 31 日确定为《破局：提升商业效率是营销战略的核心》，同时我也找到了"高效率满足用户需求"的贴切表达——"提升商业效率"。

我们用"提升商业效率"理论来分析淘宝网成功的本质：

2003 年 7 月 7 日，淘宝网正式上线。对卖家来说，淘宝网开店的成本相对低一些，无须支付昂贵的实体店租金，使平台上的商品价格更为优惠。淘宝网创造的价值是显而易见的，帮助商家降低了经营成本，让顾客买东西可以少花钱。估计很多人都有和我一样的经历，第一次网购是通过淘宝网。淘宝网显著提升了零售行业的商业效率！

淘宝网成功的本质

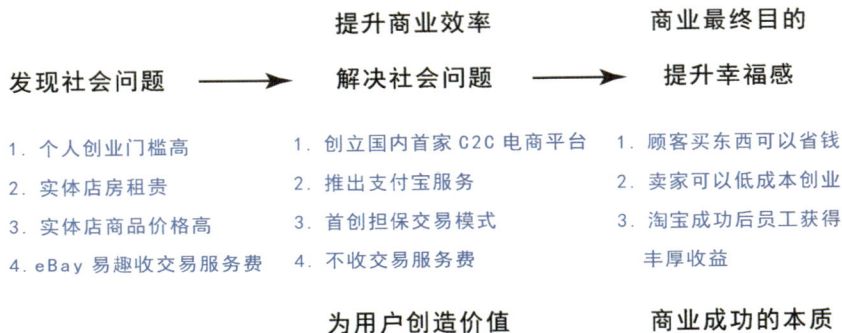

发现社会问题	提升商业效率 解决社会问题	商业最终目的 提升幸福感
1. 个人创业门槛高	1. 创立国内首家 C2C 电商平台	1. 顾客买东西可以省钱
2. 实体店房租贵	2. 推出支付宝服务	2. 卖家可以低成本创业
3. 实体店商品价格高	3. 首创担保交易模式	3. 淘宝成功后员工获得 丰厚收益
4. eBay 易趣收交易服务费	4. 不收交易服务费	
	为用户创造价值	商业成功的本质

　　我为什么要在前言里提及书名呢？因为书名的重要性就如同品牌名一样至关重要。一个好的名字能够提高传播效率。如果用"高效率满足需求"做书名，主题是落在"需求"上，而"提升商业效率"主题是落在"效率"上。从商业的角度来说，"效率"一词出现的频率明显比"需求"要高很多。研究需求的通常是老板、品牌主理人和产品经理的事，其他员工并不会特别关注用户需求。而"效率"一词几乎渗透到商业的所有部分。企业里所有人都想知道如何提升工作效率，因此，"提升商业效率"比"高效率满足需求"的关注度更高。简而言之，对于大部分人来说，一本讲"需求"的书关注度不高。人们往往会过滤掉一些无关或者不感兴趣的信息，而把注意力集中在自己认为重要或者感兴趣的内容上。

　　广告业有句名言："我知道在广告上的投资有一半是无用的，但问题是我不知道是哪一半。"这里所说的浪费，是指消费者对信息的无感，觉得这些信息与自己无关，从而自动忽略了这些信息。没有让消费者产生共鸣，这样的广告自然就是一种浪费。

我在此提出"提升商业效率"理论，该理论通过提升每个细节层面的转化率从而为客户创造价值。

"提升商业效率"理论有助于企业打造现象级产品，从而让企业的销售额和利润迅速增长。

小米创始人雷军在其商业著作《小米创业思考》中，提出了这样一个问题：

商业的目的是什么，如何让商业实现最大化的现实意义？

对此，雷军给出了他的答案——**效率**。

它能给最多的人带来最大化的美好幸福感。

雷军的成功告诉我们，商业的本质是效率问题。提升商业效率会让客户获得更多幸福感。

那么，如何才能提升商业效率呢？这是一个非常吸引人的主题。

策略性地命名就是一个提升商业效率的过程。我在前言中详述了命名的重要性，目的是强调营销战略的核心之一就是提升每个细节层面的转化率。当一个企业提升每个细节层面的转化率时，它的经营成本便会相应降低，从而在市场上拥有更强的竞争力。这使得顾客能够以较低的价格购买到更优质的商品。因此，提升细节层面的转化率已成为当前商业竞争的核心。

当下，众多讨论聚焦于新零售、新商业和新电商。那么新旧之间应该如何界定呢？关键在于一个核心维度：新模式相对于旧模式拥有更高的转化率。

仅仅模式的新颖并不代表它是"新"的，如果一个新模式的转化率不高，那它仍旧是"旧"的。新模式加上高转化率才能称之为"新"。

为什么新模式的转化率更高？这是因为新模式能够发现社会问题、解决社会问题，提升客户的幸福感，而追求幸福是人的天性。

拼多多之所以被称为新电商，是因为其转化率高于传统电商平台。拼多多的高转化率体现在与产品相关的每一个细节层面上：

（1）拼多多发现下沉市场用户的手机性能较低，传统电商的应用程序运行缓慢，就优化了代码，即使在配置较低的手机上也能流畅运行，从而解决了这个社会问题，提高了转化率。

（2）拼多多发现传统电商平台的支付过程烦琐，绑定银行卡和密码验证对于老人和小孩用户还是过于烦琐了，于是拼多多推出了"0元下单"和"免密码支付"，让消费者先使用后付款。只要有微信钱包就可以付款了，从而解决了这个社会问题，提高了转化率。

（3）拼多多发现传统电商平台的退换货限制多，拼多多则简化了退货退款流程。有任何不满意，可以随时退款，甚至可以不退货退款，从而解决了这个社会问题，进一步提高了转化率。

在2022年，拼多多的营收达到了1305亿元，利润为315亿元，增长速度和利润水平都令人瞩目。拼多多的组织架构实现了扁平化管理，员工总数仅为1.3万人。在人均营收方面，每个员工贡献了1000万元，在人均利润方面，则贡献了242万元。这样的人均产出在同行业中遥遥领先。

拼多多的商业模式较传统模式提高了商业效率，因此平台上的商品价格更为优惠，赢得更多消费者的青睐。

为什么有些企业一开始就找到了破局之路？这是因为在创业

之初，他们就制定了"发现社会问题，解决社会问题，提升商业效率为客户创造价值"的营销战略，并且着重于提升产品各个细节层面的转化率。

创业者深有体会，找不到破局的方向是创业过程中最迷茫的时刻。创业型企业无法与多样化市场中的所有客户同时建立联系。一个优秀的营销战略能够指引你找到可以有效服务的细分市场，并对每个细分市场的独特性和不同之处进行细致的战略思考。识别细分市场并以"打造现象级产品"的方式满足细分市场的需求是营销破局的关键。

这本书所阐述的"提升商业效率"理论并非仅是我一个人的思考成果，它在很大程度上汇集了众多管理学大师和营销大师的智慧。首先，我要感谢我的朋友刘高原，没有他就没有这本书的诞生。为了这本书的内容，我跟刘高原进行了十多次长达数小时的沟通交流，他向我阐述了商业成功的本质。我还要向我的好朋友——原北大纵横管理咨询集团管理咨询师李平表示感谢，他帮我发现了文稿中的错误，并给予了修改建议。

在写作这本书的过程中，我运用了许多管理学大师和营销大师的思想和智慧。我要感谢叶茂中老师的冲突营销理论，感谢哈佛商学院教授迈克尔·波特的竞争战略，感谢哈佛商学院教授克莱顿·克里斯坦森的颠覆性创新理论和客户目标完成理论，感谢里斯和特劳特的定位理论，感谢现代营销学之父——菲利普·科特勒的营销理论，感谢华与华的超级符号理论。此外，我还要感谢刘高原战略咨询公司的每一位成员，还有此书所有案例的设计师朋友们，以及书中所有商业案例的参与者。在此，我向他们表达我最诚挚的感谢。

这本书是关于"提升商业效率"理论的初版，难免会有一些错误、疏忽之处，恳请大家谅解、批评与指正！也欢迎就"破局：提升商业效率"与我交流，可以通过微信号 bjzhaoning 与我联系，期待与你的思想碰撞。

顺势而为，是成大事的关键，无论是企业还是个人皆是如此。愿此书能指引企业制定准确的营销战略，找到最佳的营销破局之路。

赵宁

2024 年 3 月 31 日于北京

目　录

CONTENTS

01 第一部分　战略

CONTENTS

02　第二部分　战术

03   第三部分　案例

CONTENTS

CONTENTS

04

第四部分　破局

01

第一部分　战略

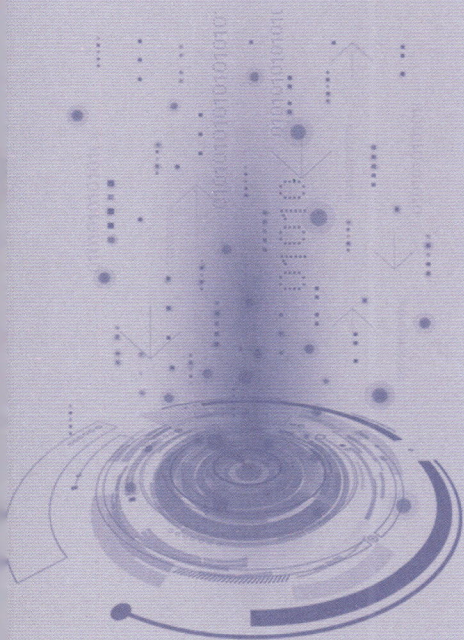

一、企业营销战略的核心

我们采用埃隆·马斯克所倡导的第一性原理来探究企业营销战略的核心。马斯克强调："我们运用第一性原理，而不是比较思维去思考问题是非常重要的。我们在生活中总是倾向于比较，对别人已经做过或者正在做的事情我们也都去做，这样发展的结果只能产生细小的迭代发展。

第一性原理的思想方式是用物理学的角度看待世界，回归事务最基本的条件，将其拆分成各要素进行解构分析，从而找到实现目标最优路径的方法。

战略公式：战略 = 目标 + 路径

战略不仅仅是目标，它包括实现目标的路径和方法。一个常见的误解是将战略等同于目标。如果一个所谓的"战略"只定义了目标，却没有包含实现这些目标的具体路径和方法，或者目标设定得过多，又或者将上市本身视为一个目标，这都不能算是真正的战略。

企业的营销战略目标是创造竞争优势。在确保企业具有持续生存能力的基础上，进一步追求发展并努力提高销售额。

企业的营销战略 = 创造竞争优势 + 路径

企业创造竞争优势的公式：

企业创造竞争优势 = 销售额 + 利润的快速增长

如何实现企业销售额和利润的快速增长？关键是要促进企业产品销售额的迅速提升。

销售额漏斗公式：

销售额 = 流量 × 转化率 × 客单价 × 复购率

我们来逐一分析销售额漏斗公式的四个关键词：流量、转化率、客单价、复购率。

1. 流量

谈及流量，不得不提媒体行业，流量与媒体的关系一直是紧密相连的。

在央视和各省市卫视投放广告是企业树立品牌形象和塑造品牌价值的重要手段之一。企业花费数百万请营销咨询公司制作TVC广告片，邀请明星代言，花费上亿元投放广告在央视和各省市卫视。品牌随着广告语广为流传，从而成为知名品牌。相对于不知名的品牌，知名品牌铸造了一个很高的竞争壁垒。客户在选择两个产品时，会优先选择知名品牌。

★**企业打造知名品牌，就是提升商业效率。**

以前只要肯砸钱，电视广告的宣传效果是非常显著的。不过现在，电视广告的红利期已经过去了，年轻人已经不爱看电视了。现在年轻人花费了大量的时间在社交媒体上，例如抖音、快手、小红书、微信、今日头条等各种App，这些平台提供了海量的短视频和图文信息。这种快速、简单获取信息的方式，更符合现在年轻人的需求。

现在想做电视广告的企业，可以关注春晚广告。央视春晚开播之前硬广套装的黄金五分钟（大年三十晚19:55—20:00）有比较不错的收视率。即便价格昂贵，"黄金五分钟"对众多品牌的吸引力依然极强。

无论是电脑互联网还是移动互联网，都是"流量为王"的时代，是流量在主导一切。对于国内企业来说，利用自媒体平台进行广告宣传、品牌建设已经成为必备的营销手段。

"所有的行业都是娱乐业，商业的实质是作秀。"

如何让创始人、品牌和产品像一个引人入胜的故事一样具有吸引力，这是至关重要的。一个受到媒体瞩目的创始人，在推出新产品、打造新品牌时，自然拥有先天优势。对于企业来说，在推广方面可以节省大量成本。

以下是几位受到媒体广泛关注的企业家：

· 特斯拉的埃隆·马斯克

· 阿里巴巴的马云

· 万达的王健林

- · 小米的雷军
- · 新东方的俞敏洪

这些创始人通过将自己塑造成网红企业家，有效地在市场竞争中占据了话语权。这些在媒体上活跃的企业家，代表了这个时代的一个新趋势：企业家的网红化。作为创始人，成为网红可以提升品牌的认知度和转化率，从而提升商业效率。

★**成为网红企业家，就是提升商业效率。**

● 互联网公司靠什么盈利？

国内企业主要依赖互联网作为宣传渠道。互联网大厂提供的是平台，国内企业想要获得流量，就需要在这些平台上生存。因此，我们需要研究互联网大厂的主要盈利模式，以便能更深入地思考如何获取流量。

大型互联网公司，前台生意可能不一样，电商、短视频、自媒体、各种软件、各种硬件，其实核心本质都是一样的，都可以看作广告平台。我们判断一家公司的盈利模式，不要看它宣传什么，就看它的盈利从哪里来就行了。下面我们分析一下互联网公司在 2022 年的广告收入情况。

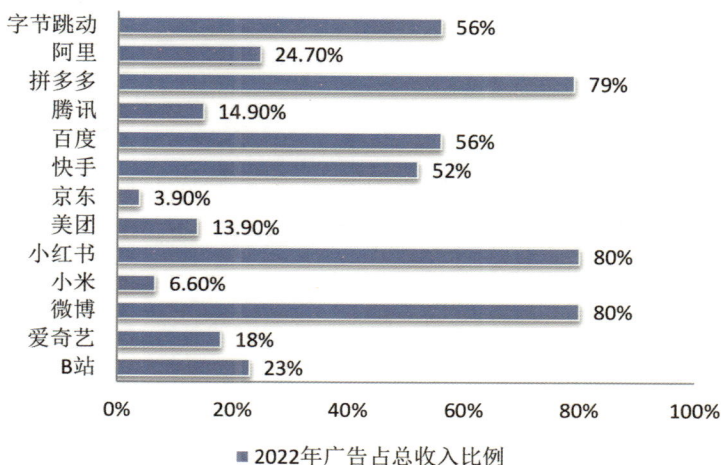

字节跳动 56%
阿里 24.70%
拼多多 79%
腾讯 14.90%
百度 56%
快手 52%
京东 3.90%
美团 13.90%
小红书 80%
小米 6.60%
微博 80%
爱奇艺 18%
B站 23%

■ 2022年广告占总收入比例

　　截至 2020 年，阿里仍旧是中国最大的广告业务平台。然而，到了 2021 年，字节跳动取而代之，成了新的领头羊，并持续保持至今。细致分析这些公司在资本市场的表现可以发现，大多数公司的股价走势与其广告业务的表现高度相关，这一点在字节跳动和小红书的一级资本市场估值中也得到了体现。

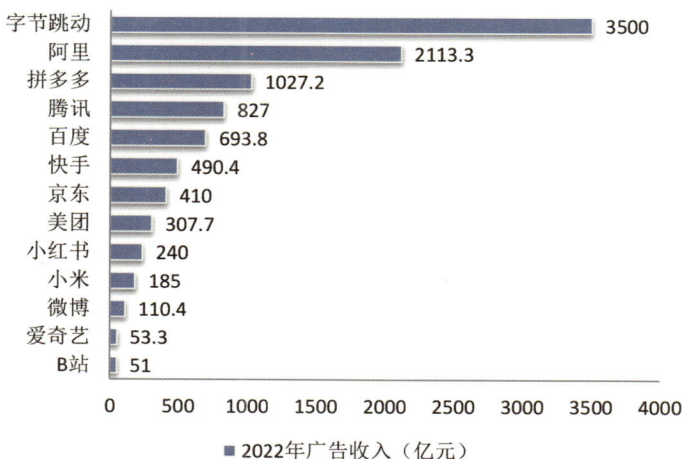

字节跳动 3500
阿里 2113.3
拼多多 1027.2
腾讯 827
百度 693.8
快手 490.4
京东 410
美团 307.7
小红书 240
小米 185
微博 110.4
爱奇艺 53.3
B站 51

■ 2022年广告收入（亿元）

这一现象的原因在于，尽管广告业务可能不是互联网公司的核心业务，但广告业务的毛利率通常很高，因此公司的实际利润很可能主要来源于广告业务。互联网公司通过广告把流量变现，这是一种高效且稳定的商业变现模式。在互联网行业，最佳的商业模式就是建立一个流量平台，既可以广告变现，也可以将流量通过金融、游戏、电商等方式来获得收益。

看到这里，我们国内企业需要思考，品牌应该以什么样的身份出现在互联网平台上。通常，有两种身份：其一，品牌缺乏独特性，只能依靠购买流量来进行宣传。其二，品牌自带流量，能够满足年轻人的精神需求，并提供情绪价值。这类品牌因其稀缺性而受到广泛关注，互联网平台设计的算法会为这类品牌分配更多的流量。

对于国内企业来说，如果品牌缺乏独特性，不能持续制造出"话题"，那么获得流量将变得越来越难，同时流量成本也会不断上涨。因此，企业需要通过营销战略来创造竞争优势，把品牌打造成"流量中心"。这些互联网平台相当于线下的购物中心，企业是租户。实质上，企业支付给购物中心的租金就相当于广告费。在购物中心开店，租金是每年都要递增的，所以企业必须要持续提高转化率，否则就会赔钱。

国内企业应该向海底捞学习，打造一个自带流量的超级品牌。这样，购物中心为了引进你，会给你提供"超低租金"和"装修补贴"的支持。对于购物中心来说，海底捞的作用是在线下吸引消费者和提升知名度。

国内企业想要营销破局，无论是什么生意，一定要打造自己的"流量中心"。

★*打造"流量中心"，就是提升商业效率。*

2. 转化率

从销售的角度来看，提高转化率比增加流量更为关键。不断提升的转化率意味着销售额的增长，而单纯增加的流量并不能保证销售额会随之增长。无论在线上还是线下，低成本获得流量会变得越来越难。因此，若企业想要获得成功，必须努力提升转化率。

以往我们提到的转化率是指消费者从看到商品（介绍）到实际下单过程中的转化率。这是在战术层面上的转化率。我在此要强调的是通过战略层面提升转化率的重要性。通过战略层面提升转化率是决定企业核心竞争力的关键因素。为了让大家更加清楚地理解这一概念，我本想用"提升产品在每个细节层面上的转化率"这一表述，但这一说法可能会引起误解。因此，我找到了一个更准确的描述——提升商业效率。在当下的商业竞争中，提升商业效率无疑已经成为企业创造竞争优势的核心要素。

对于企业而言，企业若能提升商业效率，则该企业可以快速提升转化率。相反，如果企业未能提升商业效率，在当前这个高度竞争的市场环境中，低转化率会导致其生存受到严峻挑战。

提升商业效率是创造竞争优势的关键。在如今的商业环境中，对于缺乏竞争优势的企业来说，做生意的游戏规则都是由别人掌握的，这样不要说发展，就连生存都是非常艰难的。

★*提高转化率，就是提升商业效率。*

那如何提升商业效率呢？

根据迈克尔·波特教授提出的理论，成功的竞争战略分为三类：总成本领先战略、差异化战略和聚焦战略。我们从营销的角度看待这些战略，如何更好地为顾客创造价值，即帮助顾客解决社会问题。

（1）总成本领先战略

即成本低、产品便宜，在价格方面具有领先优势。

要想达到最低总成本，波特教授认为可以在三个方面改进：一是生产设备、即建立起形成规模经济的设施；二是生产成本，即在研发、生产上最大限度地控制成本；三是销售与服务成本，即在销售及服务环节上减少费用开支。

举例：优衣库、特斯拉、小米。

★*提高生产效率，就是提升商业效率。*

对于国内企业而言，没有上限的销售成本是推广费。因此，企业的战略目标是将品牌打造成"流量中心"，以此来降低销售成本。

举例：拼多多、小米、海底捞、人民咖啡馆。

★*打造"流量中心"，降低销售成本，就是提升商业效率。*

（2）差异化战略

你的产品与别人不同，好的差异化是你要有独特的定位，同时，这些独特的差异化点在顾客的眼中是有价值的，能够促使他们去购买。

实现差异化策略的途径有很多，波特教授列举出的有品牌形象、技术特点、外观特点、客户服务、经销网络以及其他方面。

举例：理想增程式汽车、戴森吸尘器与吹风机、苹果手机。

★*差异化的产品满足用户未被满足的需求，就是提升商业效率。*

（3）聚焦战略

更专注于小的目标市场，然后针对这部分顾客做差异化或者总成本领先。

聚焦战略必须结合前面两种策略中的一种或者两种才能取得成功。把主要精力放在特定的目标人群，市场规模比整个行业市场要小。这样，企业所处的竞争圈子就会缩小，然后再在这个小的圈子里实施成本领先策略或差异化策略，就能轻松拿下这个市场，从而获得高于产业平均值的收益。

举例：MIUI 操作系统、红米、"砍一刀"时期的拼多多。

★*满足特定目标人群未被满足的需求，就是提升商业效率。*

通过两两组合我们可以得到这四种战略：

（1）针对整个市场以低成本作为优势的成本领先策略；

（2）针对整个市场来强调你的产品的独特性和差异性的差异化战略；

（3）针对具体细分目标客户突出低成本优势的聚焦战略；

（4）针对具体细分目标客户突出差异化优势的聚焦战略。

● 为什么小米你学不会？

小米的直播间和线下门店的转化率极高。众所周知，苹果店的坪效是全球第一，达到 40 万元 / 平方米。自 2017 年起，小米作为新零售的标杆，开始了大规模的线下扩张。没想到短短几年，坪效已经达到了 27 万元 / 平方米，位居国内第一，世界第二，仅次于苹果。

十多年前，雷军曾经说过一句话："站在台风口，猪都能飞上天。"很多人都用这句话来描述小米的崛起。我认为这是对小米最大的误解。实际上，小米的成功并不仅仅是因为站对了移动互联网的风口。智能手机这个巨大的市场机会，很多企业都看到了。回顾当年，同行业内手机厂商众多，而今日能够生存下来的仅有寥寥几家。

雷军曾经说过，一个企业，无论在"战术"上怎么努力，也无法弥补"战略"上的缺失。对于经营企业来说，许多创业者犯了同样的错误。他们每天忙碌，却只看到眼前，一旦醒悟，可能已经面临着大问题。错误的方法可以通过复盘改正，而错误的方向则可能导致灾难性的后果。

小米不是单纯的硬件公司，而是创新驱动的互联网公司。互联网公司竞争的焦点在于谁占领用户的时间长，谁就能取得成功，该公司就能获得更丰厚的广告收入。与广告代理公司不同，互联网企业不需要支付大部分广告费用给媒体。他们的广告空间位于自己的平台上，因此广告带来的大部分收入是纯利。

在硬件盈利模式上，传统企业仍旧依赖于硬件销售的利润，而小米已经转变了策略，不再依靠硬件盈利。小米手机承诺的硬件综合净利润不会超过 5%，如果传统企业采用相同的利润策略，那么很可能会面临亏损的风险。

小米的成功路径与多个管理学、营销学理论不谋而合：

（1）波特教授提出的聚焦战略。自 2010 年 4 月 6 日成立以来，小米并未立即进入手机市场，而是首先开发了基于 Android 平台的 MIUI 操作系统。2010 年 8 月，小米推出了 MIUI 的首个内测版本。小米提出了"为发烧而生"的口号，宣称 MIUI 是发烧友必刷的 ROM（系统软件包）。

发布一个多月以后，在 XDA 开发者论坛上一位网友是这么推荐的："有人听说过这个 ROM 吗？我这辈子从未见过这么疯狂的 ROM，它运行起来又快又流畅，界面全部重新设计了。这太不可思议了！"最初，MIUI 吸引的主要是手机发烧友，而非普通用户，因为后者通常不会"刷机"。

（2）硅谷创业家埃里克·莱斯的精益创业理论。精益创业的核心思想：开发产品时先做出一个简单的原型，最小可行产品（Minimum Viable Product, MVP），然后通过测试并收集客户的反馈，快速迭代，不断修正产品，最终适应市场的需求。

小米在推出手机产品之前，首先锁定了手机发烧友群体，并为他们开发了 MIUI 系统软件包，这成为小米的最小可行产品（MVP）。随后，小米建立了论坛与米粉紧密互动，鼓励他们参与产品开发，通过快速迭代 MVP，最终成功打造出了 MIUI 这个爆款产品。

（3）波特教授的差异化战略。MIUI 成为全球首款实现每周更新的操作系统。小米社区论坛吸引了当时中国最热情的手机爱好者。雷军要求团队成员每天泡在论坛中收集和整理用户的吐槽和反馈。MIUI 每周更新的功能，究竟哪些受到欢迎，哪些不受欢迎，完全由 MIUI 论坛的用户通过投票来决定。这种做法使得米粉每周都能看到自己的建议得到采纳，极大地提升了他们的参与感。得益于用户的积极参与，MIUI 实质上构建了一支规模达十万人的产品开发队伍，使得小米团队得以创造出许多前所未有的令人赞叹的产品。

（4）波特教授提出的成本领先战略。小米是一家互联网公司，并不依赖硬件销售赚钱，同时还拥有"流量中心"，节省了大量的推广费用，因此小米在相同价位的产品中提供了最优的配置。无论是手机、汽车还是其他产品，都更有性价比。

（5）哈佛商学院教授克莱顿·克里斯坦森的颠覆性创新理论。克里斯坦森认为，从低端市场或未被满足的新市场切入是个理想选择，因为在位企业无论是资源、流程还是价值观都使其难以对这类市场投入足够的精力。

2010 年，小米选择从低端市场开始实施颠覆性创新，这是一个正确的决策。颠覆性创新不一定立即能够为主流市场的客户提供更好的产品，但可以通过首先进入低端市场来逐步实现颠覆。从低端市场或者尚未得到充分满足的新市场切入，企业可以在这些市场中成长并逐渐扩展至主流市场。

小米公司通过颠覆性创新的模式迅速取得成功。在短短三年内，2013 年 7 月，小米推出了面向低端市场的红米手机，而小米品牌已经有能力竞争主流市场。

到 2019 年，小米首次被《财富》杂志列入世界 500 强企业榜单，排名第 468 位，成为历史上最年轻的 500 强公司之一。2024 年 3 月 28 日小米汽车上市，小米 SU7 标准版售价为 21.59 万元；小米 SU7 Pro 版售价为 24.59 万元；小米 SU7 Max 售价为 29.99 万元。小米汽车的定位将直接针对主流市场，无须再从低端市场起步进行颠覆性创新。

小米的公司历史可以概括如下：

2010 年 4 月：小米公司成立。

2010 年 8 月：小米 MIUI 系统软件包的首个内测版推出。

2011 年 8 月：小米手机正式发布。

2012 年 4 月：举办第一届米粉节。

2013 年 1 月：全球激活用户数量超过 1 亿。

2013 年 7 月：发布红米手机。

2015 年 5 月：小米金融 APP 上线。

2016 年 2 月：推出小米 Max。

2016 年 3 月：推出米家品牌。

2016 年 7 月：发布红米 Pro 和小米笔记本。

2018 年 5 月：小米向香港证券交易所提交招股书，计划在香港上市。

2019 年：小米首次进入《财富》杂志发布的世界 500 强榜单。

2023 年 12 月 28 日：小米汽车 SU7 正式亮相发布会。

2024 年 3 月 28 日：举行小米汽车上市发布会。

小米公司自成立以来，以其令人瞩目的增长速度著称。在不到十年的时间里，它进入了世界 500 强企业名单，成为成长最快的中国互联网公司。

为什么小米这样成功？高性价比造就高转化率。

小米自创立至今的核心战略就一条：用互联网思维和方法来改造传统制造业。小米发现手机和硬件行业利润太高了，年轻人需要高性价比的手机和硬件产品，所以小米的战略是卖硬件却不靠卖硬件赚钱，提升了商业效率。

为什么小米你学不会？主要原因是许多创业者不理解互联网思维，也不知道如何运用互联网方法来提升商业效率。

★*用互联网的用户思维打造产品，就是提升商业效率。*

3. 客单价

客单价是指每位客户在一次消费中的平均消费金额。

提到客单价，我想到了山姆会员店。山姆的客单价超过 1000

元。年轻人的消费降级，好像跟山姆没有任何关系。办山姆普通会员卡要交260元/年，办卓越会员卡要交680元/年。尽管需要办卡才能进入，山姆会员店内依然人头攒动。

山姆好在哪里？

在山姆，商品有两种类型：一种是市场上买不到的商品，一种是远低于市场价的热门款商品。

山姆通过丰富的全球采购资源和供应链优势，提供4000个左右精简SKU的单品，用规模优势把产品价格谈到最低，提供极致的高性价比。通过独家经销、自有品牌定制生产，给会员提供高品质的商品，这便是山姆成功的秘密。

山姆的消费目标群体是年收入30万元以上的家庭，需求特点是量大但均价便宜。山姆采用波特教授的聚焦战略，即针对具体细分目标客户突出低成本优势的聚焦战略。简单说，为中产家庭提供高品质、高性价比的商品。

国内很多超市也在学习山姆，但是并不好复制。为什么呢？主要原因是商品的品质不行。山姆定制的国产牛奶，要求必须能达到欧盟标准。国内传统超市卖的预包装食品、熟食、面包、蛋糕、蔬菜生鲜等，与山姆的品质有一定的差距。

山姆提供市场买不到的商品，指的是买不到相同品质的商品。

比如，即使是同一供应商提供的瑞士卷蛋糕，山姆瑞士卷的品质比沃尔玛瑞士卷的品质要高。

国内传统超市提供高品质商品的商业效率是低于山姆的。提供相同品质的商品，价格会高于山姆；提供比山姆品质差一点的商品，中产客户觉得品质不行，小康客户觉得价格高，容易造成高不成低不就的状况。

好的超市应该建立有效的用户反馈机制，人民需要什么，超市就提供什么。现在许多超市的烘焙区做了添加了人造奶油、人造黄油、起酥油、精炼棕榈油、果葡糖浆等成分的面包、蛋糕。即使顾客向工作人员提出反馈，也似乎无法改变这一现状。

我认为通过有效的营销战略，国内可以做出来比山姆更符合用户需求的超市。

举例：胖东来。

北京等一线城市需创建一个专注于中产客户，提供高品质、高性价比的超市。可以建立有效的用户反馈机制，以满足消费者对健康食品的需求。

★*提供高品质、高性价比的商品，就是提升商业效率。*

● 为什么现在生意越来越难做了？

（1）卖什么不靠什么赚钱

"颠覆式创新"之父，哈佛商学院教授克莱顿·克里斯坦森认为，互联网已逐步演变成一种基础技术，并且将可能颠覆众多行业。

互联网作为一种颠覆性创新的模式，所倡导的"互联网思维"主张先通过免费服务吸引用户，随后探索盈利模式。因此，当企业把互联网思维融入商业模式开发时，便能够实现不靠卖产品来赚钱。这一策略的关键是增加平台的用户基数。一旦形成了稳定的用户群，并且用户将时间用在平台上，就能通过广告收入获得持续的盈利。

在互联网思维的推动下，很多产品已经按照成本价销售了。因此，赚差价的生意模式面临着越来越多的挑战。例如，与同价位的山寨手机相比，小米手机以更高的性能配置轻松胜出。此外，拼多多平台上一些商品的价格甚至低于出厂价，这进一步说明，对于国内企业来说，采用赚差价的生意模式将变得越来越难。

互联网思维下的商业模式，能够实现卖什么不靠什么赚钱。

★ 不通过卖产品赚钱，就是提升商业效率。

（2）信息差越来越小

在自媒体时代，我们发现，近年来出现的广告金句越来越少。很多新锐品牌取得了成功，但它们的广告语却没有给我们留下深刻的印象。

自媒体在中国的发展可以分为两个阶段：

自媒体 1.0 时代，起始于博客、微博和微信公众号的流行，这个阶段被明星和各行业的大佬们所主导。一个没名气、没流量、没资源的普通人很难在这个阶段出人头地。

自媒体 2.0 时代，始于 2016 年的短视频兴起，推动了自媒体行业的爆发式增长。除了微信公众号，自媒体创作者有了更丰富的平台选择，如头条号、百家号、企业号、西瓜视频、快手、抖音以及小红书等。智能手机的普及使得越来越多的人在自媒体平台上分享有价值的内容。在自媒体 2.0 时代，发布信息的门槛大大降低，任何人都可以在网络上发声。许多人希望通过自媒体成名，借此改变命运。对于大多数人来说，成为网络红人是实现阶层跃迁的唯一途径。

因此，在自媒体平台上，各种信息如百花齐放，有赏心悦目的，有幽默搞笑的，有提供情感价值的，也有致力于消除信息差的。例如：张雪峰在高考志愿填报方面消除了信息差；辛吉飞则致力于消除食品配料表中的信息差。张雪峰曾受到大学教授的强烈批评；辛吉飞也面临了众多质疑。那些对他们持批评意见的人没有意识到，"消除信息差"是自媒体行业发展的必然趋势。历史的车轮滚滚向前，不会因任何人而停止。我相信未来会有更多行业的信息差被抹平。

在传统媒体时代，信息不对称导致消费者难以鉴别产品的好坏，往往只能选择那些占据心智的品牌。然而，随着自媒体2.0时代的到来，消费者在挑选产品时拥有了更多的参考资源。他们倾向于先上小红书、大众点评、B站等网络平台，查阅用户分享的使用感受和避坑指南，然后再决定是否购买。这种做法与过去仅把品牌知名度作为购买依据的情形截然不同。

随着短视频的兴起，各行各业的信息差越来越少，这使得赚钱变得越来越困难。现在的年轻人已经不好忽悠了。

在当前的市场环境下，没有破局思维的国内企业面临着生存的巨大挑战。这些企业缺乏成本优势，随着信息透明度的提高，依靠信息差获利的空间越来越小。这导致产品定价成为了一个棘手的问题。定价过低，则利润微薄；而如果定价过高，产品又难以销售。结果是，产品可能沦为积压库存，企业不得不以亏损的价格处理这些商品。这解释了为什么在拼多多平台上，大量商品的售价低于出厂价，这种情况已经屡见不鲜。

相较于大型企业的雄厚资金和强大融资能力，创业型企业在这方面显得较为薄弱。它们无法像大型企业那样，通过持续的资金投入，即便是连年亏损，也能培育市场。这种烧钱的模式对创业型企业来说是不可持续的。因此，制定有效的营销战略，对于创业型企业来说，是创造竞争优势的关键。

★**真诚对待消费者，不忽悠消费者，就是提升商业效率。**

4. 复购率

复购率是指消费者对某一产品或服务重复购买的次数。复购率是衡量消费者对产品或服务忠诚度的一个指标。较高的复购率通常表明消费者对产品或服务较为满意，并且忠诚度较高。相反，较低的复购率可能意味着消费者对产品或服务的满意度和忠诚度不足。

我想强调的是，为了提升复购率，我们需采用哈佛商学院教授克莱顿·克里斯坦森所提出的"待办任务"理论（jobs-to-be-done）。

用户购买商品，不是拥有这件商品，而是这件商品帮他完成一件现实中的任务。如果这个产品很好地完成了任务，那么当我们再次遇到相同的问题时，就会再次"雇用"这款产品。但如果这款产品将任务完成得很糟糕，那我们就会把目光放到别处，寻找其他可以"雇用"的产品来解决问题。

● 元气森林为什么成功？

很多人认为，元气森林能够成功，主要是由于其"0糖0脂0卡"的产品特性深受消费者喜爱。确实，这一观点有其正确之处，然而，这仅是表面现象，并非元气森林成功的本质。那么，探究成功的本质有何意义呢？因为深入理解成功的本质，能够为我们指明行动的方向。遵循这一本质同样能够复制成功。

元气森林推出的"0糖0脂0卡"气泡水迅速成为市场热销的爆款，引发了众多饮料厂家的跟风效仿，相继推出了外观和包装风格相似的产品。在这些竞品上市后，我仔细分析了它们的成分表，从而揭示了它们的产品策略。鉴于赤藓糖醇的甜度仅为蔗糖的70%，制造商在一瓶饮料中需要添加更多的赤藓糖醇。赤藓糖醇是当时最贵的天然代糖。为了降低成本，这些竞品添加了阿斯巴甜、安赛蜜等高甜度人工代糖，以减少赤藓糖醇的使用量，从而达到降低成本的目的。

这些饮料厂家并没有理解消费者选择元气森林的真正原因。选择元气森林气泡水的消费者对价格并不敏感，他们追求的是"健康＋好喝"的饮料。作为后来者，如果不能在产品健康度上超越元气森林，年轻人就不会选择它。

5元钱的饮料，一瓶便宜1元钱有什么意义吗？如果客户想省钱，他们完全可以选择购买1元的纯净水。年轻人追求的是"健康＋好喝"的"续命"饮料。只要有谁能满足他们的需求，年轻人自然会向其靠拢。一旦他们找到了这样一款产品，通常都愿意为其支付更高的价格。

元气森林的成功之道恰与波特教授提出的聚焦战略和差异化战略不谋而合。该品牌推出的无糖气泡水恰好满足了互联网行业员工对于消费升级的追求。这一目标用户群主要集中在北京市的海淀区和朝阳区的望京以及来广营地区，他们拥有高学历和高收入。这部分高知、高收入人群追求能与消费升级相契合的产品，他们的"待办任务"是找到一款"健康 + 好喝"的饮料，用来完成"好喝不发胖"的任务。

在元气森林产品开发阶段，创始人唐彬森换了三拨人，这些专业人士均来自饮料行业，条条框框很多。最终，唐彬森选择了做游戏的年轻人，跟他说不要考虑成本，就做一款自己想喝的饮料。来自游戏行业的年轻人，由于不受传统饮料行业的思维束缚，带来了新的思路。唐彬森认为，元气森林气泡水产品之所以成功，关键在于他们"敢用对手不敢用的好原料"。这种原料就是当时市场上最好的天然代糖——赤藓糖醇，其价格是人工合成代糖——阿斯巴甜的三四十倍。

看到这里，有人可能会问：如果其他饮料厂家生产出与元气森林配方一致的 0 糖 0 脂 0 卡气泡水，它们是否能够同样获得成功？我认为答案是否定的。元气森林凭借"0 糖 0 脂 0 卡"气泡水这一创新点成功破局，成为"流量中心"。而简单复制已经成功的产品，就很难吸引到流量了。这些厂家并未真正理解元气森林成功的本质。

元气森林之所以能够成功，其本质在于运用互联网思维和方法来改造传统饮料行业，提升了商业效率，帮助客户完成任务。

★ *帮助客户完成任务，提高复购率，就是提升商业效率。*

● 互联网思维和传统思维有什么区别？

这两种思维的区别一定要搞明白。所谓互联网思维，是指互联网行业的以用户为中心的思维模式。互联网行业是一个门槛较高的智力密集型产业，其从业者通常是高知高收入人群。与传统行业相比，互联网行业的进入门槛显然更高。此外，互联网的领军企业往往集中在北京、上海、广州、深圳和杭州这五大城市，显示了其明显的地域性特征。因此，与传统行业相比，互联网行业的竞争强度不如传统行业那么激烈。在传统行业中，通常只有行业排名靠前的企业才能获得较高的盈利。而在互联网行业，除了字节跳动、阿里巴巴、腾讯、百度等行业巨头，那些排名不靠前公司的创始人和核心团队也都在年轻时就实现了财务自由。

许多传统企业的领导者可能会误认为，所谓的互联网思维仅仅是营销、炒作和宣传的技巧。这样的理解是片面的。互联网思维的核心，实际上是以用户为中心的思维方式。简而言之，就是"用户需要什么，我们就提供什么"。这一理念是互联网思维的核心，已经牢牢印在互联网创业者的头脑里，成为他们的行动准则。

互联网思维就是用户思维。

互联网思维为何重视用户？

（1）互联网本身没有固定资产，用户是其最宝贵的资产。

（2）用户的转移成本极低，他们可以轻易地选择离开。

（3）互联网竞争的本质是满足用户需求和提升用户体验，

留住用户是关键所在。

因此，互联网思维的核心在于全心全意为用户着想。真诚地尊重用户，从用户需求出发，深入理解并尽可能地满足这些需求，以此建立良好的口碑。

在移动互联网兴起之前，从事互联网行业的人主要是做网站运营。网站运营离不开 SEO（搜索引擎优化）。通过使用 SEO 工具，我们可以掌握用户的搜索关键词，据此优化内容发布，例如将这些关键词整合到标题中，并在网页内容中增加关键词的密度。此外，为了增强网站的链接权重，我们还会在网站内外创建以这些关键词为锚文本的超级链接。利用 SEO 工具，我们能够跟踪并分析用户是通过哪些关键词找到我们的网站，并跟踪这些访问是否转化成订单。这一切都可以通过精确的数据分析来完成。同时，SEO 工具也帮助我们找到最新的热门关键词，使网站能够围绕这些关键词创建内容，从而吸引更多流量。

互联网企业通过用户反馈机制深入理解用户需求，这一模式明显优于传统企业。互联网公司在项目开发中通常实行内部赛马机制。例如，我们熟知的微信和元气森林 0 糖 0 脂 0 卡气泡水，都是通过内部赛马机制跑出来的项目。相比之下，传统企业往往缺乏深入了解用户需求的能力，也缺少有效的用户反馈机制，导致他们容易一意孤行地开发出自认为完美的产品。这种现象导致许多传统企业打不过互联网公司。

传统企业在开发新产品时，一般会首先研究市场上领先企业的产品定价。基于这一信息，他们会设置一个略低于竞争者的价格，并在保证利润的前提下，反向推算出成本预算。然后，依据这个成本预算进行产品的设计和生产。而元气森林则采用了互联网思维来创新传统饮料行业，这种模式可以通过克里斯坦森的"待办任务"理论来解释。其核心是深入理解消费者需要完成哪些任务。元气森林生产的饮料致力于帮助客户完成"健康＋好喝"的任务。对于互联网企业来说，产品开发的主要考量是用户满意度。元气森林的饮料已经上市一个月，可能尚未精确计算出该产品的成本，这在传统企业看来几乎是难以想象的。

董宇辉之所以能够取得成功，关键在于他拥有典型的互联网思维，即以用户为中心的思维模式。董宇辉在直播间喊话供应商过年别送礼："供应商不用花时间在我们身上，你们用心做好自己的产品就行。不用讨好我们，不用在人情往来上花心思。如果你觉得我们今年好像效益还挺好的，你可以把东西做得更加物美价廉一些；你把多余的钱发给你的员工；就算多送东西也不会有助于上播，而且一旦我们知道的话，就永远不再合作了。"

我相信董宇辉说的是真心话。董宇辉的品牌效应达到了现象级，他不仅在直播间卖货，还分享知识，极大地提升了商业效率。因此，在很短的时间内，董宇辉从一名普通员工成长为高级合伙人，并迅速实现了财务自由。

互联网思维和传统思维的区别。

互联网思维

（1）互联网公司的决策效率高，通过对用户反馈进行数据分析，客户需要什么，我们提供什么。

（2）互联网公司打造出来的产品，非常容易上瘾，因为非常符合用户需求。

传统思维

（1）传统思维老想教育客户，把自己的理念强加给消费者。如果客户不接受，就想办法给客户洗脑。

（2）企业提供什么，客户就必须买什么。

（3）传统思维最大的问题，是直接替消费者做选择。这种做法是不对的。我们应该告诉消费者所有的选项，以及每个选项的优缺点，让消费者自己选择，自己决定买到的产品是什么样的。

（4）每位老板和产品经理都有自己擅长的领域，并在这些领域内投入大量时间和资源。这种做法导致决策过程中的内部消耗过大，经常把时间、精力和金钱都浪费在消费者觉得毫无意义的事情上。由于没有用户反馈机制，用户需要改进的地方，无人感知，无人关心，更不会改进了。

我们要明白，做一个产品，老板喜不喜欢不重要，产品经理喜不喜欢不重要，只要目标客户喜欢就行。做产品要"顺应民意"，人民需要什么，我们提供什么。

还有一点非常重要——"不要替消费者做选择"。以餐饮行业为例，有不少餐馆使用的是超市里不卖的那种餐饮专用油。为什么不让消费者自己来做出选择呢？

传统思维总是把商务 MPV 车型宣传成二胎家庭的首选；然而，

当互联网思维打造出了全新概念的奶爸车，配备了冰箱、彩电、大沙发等设施，客户一见便惊叹："哇，这才是我想要的产品！"

如果一个老板非让我们按照老板的个人喜好做产品，根本不关注用户需求，认为营销就是给客户洗脑。这样的老板我们是不会合作的。营销做的工作是顺势而为，而不是想办法给客户洗脑。

★不要替消费者做选择，用互联网思维打造更符合需求的产品，就是提升商业效率。

总结

企业在制定战略时，首要目标是创造竞争优势。在确保企业具有持续生存能力的基础上，进一步追求发展并努力提高销售额。依据销售额漏斗公式（销售额 = 流量 × 转化率 × 客单价 × 复购率），企业能够主动优化的关键要素是"转化率"和"复购率"。要想破局，仅在问题所在的层面上寻找方案往往是不够的；真正的解决之道在于跳出现有层面，提升到一个更高的维度。

爱因斯坦曾说："你无法在制造问题的同一思维层次上解决这个问题。"

战术上再怎么勤奋，也无法弥补战略上犯下的过错。

我们之前提到，企业营销战略的核心在于解决社会问题。因此，对企业而言，生存与发展的关键是先要发现社会问题，随后找到解决这些社会问题的方案。

　　企业营销战略的核心：以用户为中心，发现社会问题，解决社会问题，提升商业效率，为特定目标市场创造价值。

　　在当今的商业环境下，创业型企业面临众多挑战。大型企业占据了行业的主导地位，因此它们实际上已经制定了市场的规则。为了获得更多的关注，创业型企业必须投入巨额的推广费用。因此，想要在激烈的竞争中突围，创业型企业必须培养破局思维，将自己打造成为"流量中心"。这涉及到建立有效的用户反馈机制，全面优化业务流程，提升"转化率"和"复购率"，从而提升商业效率，打造具有稀缺性的现象级产品。只有采取这样的营销战略，创业型企业才有可能快速破局，成长为行业内的佼佼者。

二、如何提升商业效率

对于企业而言，提升商业效率的最佳途径是打造一个现象级产品。那么，如何打造出一个现象级产品？

乔布斯说，客户没有义务去了解自己的需求。他们只知道自己想要的是更舒适、更安全、更健康、更美、更快乐、更成功、更富有、更有品位、更有魅力……这就够了。

提升商业效率的方法之一就是帮助顾客完成"待办任务"。

哈佛商学院教授克莱顿·克里斯坦森的"待办任务"理论认为：客户购买商品，不是拥有这件商品，而是这件商品帮他完成一件现实中的任务。

1. 解决用户焦虑

例1：增程式电动车可以提升商业效率

在特定情景下，例如一位用户驾驶纯电动汽车回家时，电量即将耗尽，突然接到一项紧急任务立即前往1000千米外的地方。

在此情形下，纯电动汽车可能无法完成任务。相对而言，如果用户驾驶的是一辆增程式电动车，他只需前往加油站加满油即可再行驶数百千米，而且在高速公路的服务区再次加满油后，可继续完成剩余路程。在这样的情景中，增程式电动车能够完成任务。

众多汽车厂家宣称，他们所生产的纯电动汽车融入了尖端技术，能够实现高达800千米的续航里程。然而，在某些特定条件下，纯电动汽车与传统燃油车相比，其续航能力会表现出明显的不同，尤其是在寒冷天气下，纯电动汽车的续航能力会显著下降。此外，随着电池容量的逐渐衰减，电动汽车的最大续航里程也可能会逐步减少。

有些汽车厂商坚持认为，他们只采用最新的技术，不使用老旧技术，这种做法忽视了消费者购买产品的真正目的——完成任务。在某些情况下，即便是最先进的技术，如果不能满足用户的实际需求，消费者仍然可能选择那些能够完成任务的产品。

因此，科技的价值不仅体现在其领先性，更重要的是在用户需要时能够有效完成任务。对企业而言，一旦跨越了这一认知壁垒，其产品开发的思路和流程将会发生根本性的变化。

在长途旅行时，相较于纯电动汽车车主，增程式电动车的车主往往会感到更加从容，没有里程焦虑。这是因为增程式电动车跑长途既可以在服务区充电，也可以在服务区加油，没有纯电动汽车的"里程焦虑"。

在长途旅行中，纯电动汽车在服务区排队充电的问题，这不仅是一个厂家的问题，而是整个行业面临的挑战。发现这个社会问题并不难，但是其他厂家对此问题却视而不见，而推出增程式电动车的公司则勇于解决这个行业难题。

增程式电动车帮助用户完成"待办任务"成为现象级产品，提升了商业效率。

★ *不让用户产生焦虑，就是提升商业效率。*

2. 提升性价比

例2：优衣库通过主打基本款提升了商业效率

日本品牌优衣库以亲民的价格满足年轻人的需求。在大城市打拼的年轻人，紧张的工作和家庭责任消耗了他们大量精力。在网上购买衣服就像开盲盒一样，买到不合适的衣服还需要退换货，很麻烦。越来越多的年轻人已经没有更多精力投入到买衣服这件事上了。年轻人希望买到既高品质又具有性价比的休闲服装。

优衣库并没有像其他海外品牌那样提高自己的身价，而是继续坚持物美价廉的经营理念。许多原本价格不菲的材料，被优衣库以平民化的价格推向市场。例如，摇粒绒就是优衣库的核心产品之一。

优衣库确实是平价服装的天花板，其面料和做工堪比高端品牌，但价格却更具竞争力，甚至低于许多非品牌服饰。为此，他们与多家杰出材料供应商合作，共同开发产品。例如，优衣库与日本东丽公司合作开发了涤纶和氨纶混纺产品，与贝原公司合作开发了牛仔裤的布料。这种合作模式显著提升了优衣库的商业效率。为了降低成本，优衣库与国内服装代工厂合作，每款衣物的加工数量都非常庞大，直接下单几万件。这与其他品牌每款衣物下单几千件甚至几百件的做法形成了鲜明的对比。小批量下单的优势是库存压力小，但缺点是成本高，而且很容易导致尺码不全。

坚持销售基本款使得优衣库在库存周转方面具有天然的优势。优衣库的基本款，用 20% 的 SKU（库存计量）满足 80% 的用户需求，也就锚定了最大的市场体量。如果说海澜之家是男人的衣橱，那么优衣库就是全家人的衣橱。

根据 2022 年的年报数据显示，优衣库全年营收达到 1209 亿元，而存货额为 255 亿元，占全年营收的 21%。

在国内，优衣库独树一帜被誉为"全家的衣柜"。虽然在其他实体店也能找到单一种类的高性价比的衣物，但这往往意味着更多的时间投入。如果要全家人的衣物从里到外都物美价廉，那就只有优衣库了。其所有衣物，无论内外、上下，都符合"简洁、舒适、优质、价格亲民、尺码齐全"的标准。优衣库的衣物 80% 都是基本款，在裁剪、做工和品质方面均达到一定水平，几乎可以闭眼购买，不会遇到质量差的问题。基本款的百搭性使其不仅不会过时，还能保证不踩雷。

优衣库极大地提升了购物效率，带着孩子逛一次，便能迅速搞定全家的服装购买，节约下来的时间和精力能够用于学业或工作，确实为消费者提供了极为便捷的购物体验。

优衣库的成功模式可以在其他行业中复制，比如餐饮行业。如果一家餐馆提供了 120 种菜品，那么它的备料需求将是相当庞大的。过多的菜品备料会导致成本难以控制，同时客户点菜所需的时间过长，也会影响翻台率。总的来说，这降低了商业效率，而且菜品的性价比也难以保证。

在当前的商业环境下，客户追求的是高品质、高性价比的产品。那么，我们如何才能高效地满足客户的这一需求呢？提升商业效率的方法是将菜单从 120 种精简至 40 种左右，这样可以更准确地控制菜品的质量，确保每一道菜都令人满意。此外，许多小型餐馆通过专注于一款招牌菜，将其性价比和品质发挥到极致，从而为企业创造竞争优势。当客户想要享用这道特色菜时，自然会优先考虑这家餐馆。

★ *提供高性价比的基本款，就是提升商业效率。*

3. 进行颠覆性创新

颠覆性创新能彻底改造一些曾经昂贵且复杂的产品，使之成本大幅降低且易于获取和使用，从而让更多人能够使用这些原本只有经济条件和技能水平较好的人才能享有的产品。

颠覆性创新的产品应该从低端市场或者未被满足需求的小市场切入。颠覆性创新从低端切入，不等于永远低端；从未被满足需求的小市场切入，不等于永远做小市场；颠覆性创新是先通过聚焦人群来打磨产品提升商业效率。等商业效率提高到行业最高的时候，就会切入到主流市场，去颠覆在位的领先企业。

拼多多、小米、瑞幸这三家都是从低端市场进行颠覆性创新。

颠覆性创新案例					
品牌	在位的领先企业	低端市场切入	未被满足的小市场	新渠道	切入主流市场
拼多多	阿里、京东	√		砍一刀游戏	完成
小米	苹果、三星	√		小米官网	完成
瑞幸	星巴克	√		写字楼商圈	完成
胖东来	当地领先超市		注重食品安全的客户		许昌、新乡完成
元气森林	可口可乐		注重饮料健康的客户		完成
戴森	飞利浦、松下		注重舒适体验的客户		专业线市场完成

例3：拼多多的颠覆性创新

拼多多能快速地获取大量的用户，很重要的一个原因是挖掘了三四五线城市的用户，用廉价实惠的产品快速地获取用户的关注。2015年春节，微信红包大爆发，很多用户微信里有钱但没有地方花，当时地面的微信支付体系还不成熟，拼多多刚好提供了可以花钱的地方。由于拼多多初期定位在下沉市场，所以客单价比其他的电商平台低很多。颠覆性创新的特点是从下沉市场切入，但不等于永远在下沉市场，所以拼多多的客单价每年都在递增。

例4：小米的颠覆性创新

2011年8月16日，在北京798艺术区，雷军宣布推出小米的第一代手机。雷军说："我们的目标是做一款高端的智能手机，但是价格要非常非常低。我们的定价是1999元，这个价格是我们的成本价，我们不赚钱，我们只是想让更多的人用上好手机。"

当时的智能手机市场，高端旗舰手机的售价普遍超过3000元，主要由三星、苹果、诺基亚等国外品牌垄断。小米第一代手机首次开放预订，22小时内，30万台手机就被全部订完了。小米官网的在线访问人次一度达到百万级别，甚至一度因此导致网站瞬间瘫痪。最终，小米第一代手机总计销售 790 多万台。这对一家没有硬件行业经验的初创公司而言，绝对是一个奇迹。小米手机是一个很好的颠覆性例子。小米在 2023 年 10 月 26 日发布的 14 系列手机，售价区间在 3999 元至 6499 元，已经是主流旗舰手机的价格区间了。

保时捷汽车对于绝大多数年轻人来说，还是过于昂贵了。如今，中国的年轻人越来越自信，我们正处于国货精品的红利期。年轻人喜欢保时捷，一方面是因为对欧美强势文化的崇拜，另一方面则是因为保时捷的颜值确实非常吸引人。而小米 SU7 的颜值同样非常出众，可以说与保时捷不相上下，在国产车中这样的颜值十分罕见。雷军曾表示，小米 SU7 的定价对标的是特斯拉。我认为小米 SU7 在颜值和产品实力上对标的是保时捷。小米 SU7 为年轻人提供了一款买得起的保时捷级别轿跑车。

例 5：瑞幸咖啡的颠覆性创新

速溶咖啡是最早被中国人接受并普及的咖啡形式，雀巢在 2018 年中国速溶咖啡类别中的占比达到了 72.4%。

我们最早接触到现磨咖啡品牌是来自美国西雅图的星巴克。1999 年 1 月 11 日，星巴克在北京国贸中心开设了第一家零售店。星巴克凭借着强势的美国文化定义了以咖啡作为载体的"高级"生活方式。

文化认同是产品认同的前提。中国人喝不惯咖啡，强势的美国文化还是让中国人从心理上接受了咖啡，并认为喝咖啡是高雅的。星巴克最初开的都是大店，位置选择在购物中心。

星巴克是首个将"第三空间"概念引入餐饮行业的品牌。早在 20 世纪 70 年代，美国社会学家雷·奥尔登堡就提出，人们迫切需要找到一个介于家庭和工作场合之间的"非正式公开场合"，也即"第三空间"。

由于中国消费者对正宗美式现磨咖啡的口味并不十分适应，且消费频率较低，再加上"第三空间"概念导致的高房租和人工成本，星巴克在中国的运营成本一直较高。直到 2009 年，星巴克中国才首次实现盈利，这意味着星巴克用了近十年时间来培养中国消费者光顾咖啡馆的习惯。

2017 年，瑞幸咖啡在北京开设了首家门店。其商业模式体现了颠覆性创新的策略：

（1）新渠道：选择在写字楼内开设快取店。与购物中心的大型店面相比，写字楼内不大的空间能显著降低房租成本。

（2）低端市场切入：相较于星巴克一杯咖啡的 30—40 元价格，瑞幸的咖啡售价仅为 9.9—20 元。

（3）渠道截留：想要消费星巴克咖啡的上班族在前往星巴克的途中，需经过 1—2 家瑞幸咖啡店。

（4）口味更佳：瑞幸的生椰拿铁是其超级畅销产品，通过"奶茶化"咖啡，瑞幸推出的新品种类远比星巴克丰富。

截至 2021 年年末，瑞幸门店总数已达到 6024 家，成为中国最大的连锁咖啡品牌之一，超过星巴克中国 5557 家的数据。截至 2024 年 1 月 3 日，瑞幸咖啡的门店数量已达到约 14574 家。

瑞幸的奶咖产品不仅覆盖了一二线城市中的办公商圈，还逐渐进入四五线城市的校园内，吸引了众多年轻消费者。瑞幸提升了商业效率，把曾经昂贵的现磨咖啡成本大幅降低且更易于取得，这是一条典型的颠覆性创新之路。

★*满足领先企业放弃客户的需求，就是提升商业效率。*

4. 进行技术创新

例6：戴森通过技术创新提升商业效率

帮助客户更好地完成任务，这是提升商业效率的标志。例如，尽管戴森吹风机价格不菲，消费者仍然愿意选择它作为礼物，因为戴森在吹风机领域的卓越品质保证了其高效的性能。

早在2012年，戴森就进入了中国市场，并在中国市场流行了十多年。据统计，中国客户为戴森贡献了超过70%的收入，创始人詹姆斯·戴森在2019年以138亿美元的净资产成为英国首富，因此有网友戏称"詹姆斯·戴森被中国人买成首富"。戴森公司每年都将销售收入的10%—15%用于研发，这一策略使得戴森公司拥有了3000多项专利和超过500项发明。戴森在技术研发历史上有两项划时代的技术："气旋技术"和"数码马达技术"。凭借这些技术，戴森赢得了丰厚的利润，成为"家电领域的苹果"。

在戴森推出无尘袋吸尘器之前，传统吸尘器面临一个问题：当集尘袋充满灰尘后，会堵塞进气孔，从而影响吸力；然而，集尘袋本身也是一个独立的生意，传统制造商并没有对其进行改进的动力。通过"气旋技术"，戴森发明了全球首款无尘袋吸尘器，并通过日本经销商迅速占领全球吸尘器市场。

传统吹风机由于马达转速受限，需要提高温度以更快地吹干头发，但这样做会导致发质受损。戴森采用的解决方法是在吹风机出风口添加温控探测器，持续测温，检测频率高达每秒40多次，并将数据传递给微处理器，以确保风温不会超过150℃。通过提高马达转数、改进温度控制等创新，戴森持续进行技术创新，最终形成解决客户问题的最佳方案。客户的需求是什么？他们需要不会烫伤头发的吹风机。戴森吹风机通过技术创新，获得了技术红利，在吹风机市场上引起了巨大变革。

戴森能够吸引客户的原因是什么呢？因为戴森吸尘器、吹风机在同类型产品中被认为是最好用的。可以说，技术决定了地位。戴森的吸尘器、吹风机凭借"技术红利"，帮助客户更好地完成任务，这是戴森成功的核心本质。

★拥有"技术红利"，就是提升商业效率。

5. 具备文化认同的设计

巴菲特说："好和不好，有时候你用平常心去看，是显而易见的。如果它不显而易见，说明它还不够好。"举个例子，你在一个餐厅里坐着，有一个很高的人走进来，如果他是姚明，你肯定一眼就看到了。但是如果一个人走进来看不出来是姚明，那说明他不高嘛。那这段话说明什么呢？当你用平常心、用常识去看待东西的时候，有些差别是显著的。从另外一方面来讲，一些细枝末节的、小的差异，很多时候是可以忽略的，你应该把关注放在大的差异面上。

例6：人民咖啡馆

2023年7月，刘高原战略咨询公司承接了位于北京市西城区前门大街81号的人民咖啡馆的商业设计工作。这份设计作品按照巴菲特说的显而易见标准进行打造，可以说在繁华的商业街中格外引人注目。

"人民咖啡馆"这个名字极具特色，咖啡是名副其实的"舶来品"，很多本土咖啡品牌非要起个英文名字，让人感觉更洋气。在众多咖啡馆中，采用英文名字已成为一种普遍现象。近期，国潮和新中式风格的咖啡馆逐渐兴起，但像"人民咖啡馆"这样以红色主题为特色的店铺仍然较为罕见。将红色主题与咖啡馆这一概念相结合，非常符合叶茂中老师提出的冲突理论，令人印象深刻。

人民咖啡馆

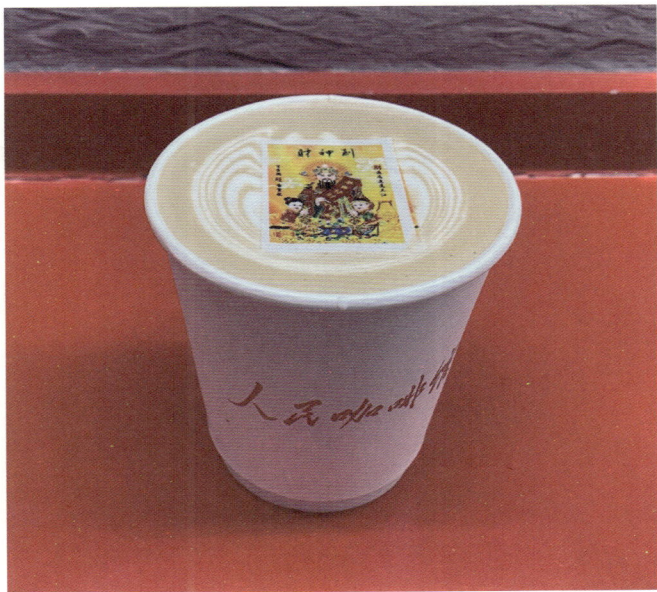

财神奶咖

　　财神奶咖是这家咖啡店的标志性饮品，上面的拉花格外引人注目。最吸引人的莫过于装饰在拉花上面的财神爷图案的糯米纸，显得特别喜庆。店内服务员迎客时总是满口吉祥话，顾客在叫到号码取咖啡时，还会听到他们祝福"恭喜发财"。

　　现代年轻人热衷于拍照打卡，即使在忙碌之中也要记录每一个幸福瞬间。因此，在进行商业设计时，必须考虑到年轻人喜欢打卡的习惯。适合打卡的店铺往往能吸引更多顾客，生意也会因此而兴隆。

　　现在年轻人消费，使用需求是基础，精神需求才是刚需。不愧是人民咖啡馆，知道人民的心声，就是想讨个好彩头。不为别的就为了迎财神，很多网友也要去人民咖啡馆打卡。人民咖啡馆满足了当前年轻人的情绪价值，成功地将自己打造成年轻人拍照打卡的"流量中心"。

咖啡馆内部

文化认同是产品认同的前提。我们的商业设计，可以考虑如何激发中国消费者的民族自豪感。

★品牌满足年轻人的精神需求，就是提升商业效率。

6. 提升幸福感

两千多年前，古希腊哲学家亚里士多德提出：幸福是我们一切行为的最终目标。

《福布斯》杂志的创始人伯蒂·查尔斯·福布斯的一句至理名言：商业的目的是为了创造幸福，而不仅仅是财富的堆积。

商业的意义应从仅仅追求利润转变为创造更多的价值。在根本上，任何一种商业都是在解决人类的幸福问题。成功的商业秘诀在于能够提升人类的幸福感。如果你忽略了这一核心理念，你的生意只会给你带来痛苦。相反，如果你高度重视这一点，你的生意不仅能够蓬勃发展，你本人也将享受其中。

哈佛商学院教授菲力克斯·奥伯霍尔泽-吉说："为用户创造价值，就是为你自己创造价值。"

2003年，受到非典影响，京东开始尝试网络销售。2004年，京东推出了自营模式的网站，标志其正式进入电商领域。京东发现社会问题，即消费者在中关村电脑城购买笔记本时，需要经历一场"历险记"式的购物体验。为解决这个问题，京东出售的笔记本电脑和电脑配件均为正品行货，并提供直接送货上门的服务。对于初次购买的顾客而言，京东自营成为购买电脑的可靠选择。顾客能够不出门就购买到心仪的电脑，从而感受到幸福。

2015年4月，黄峥创立了拼好货。同年9月，黄峥旗下的公司内部孵化出拼多多，开创了社交电商的新模式。拼多多创造的价值是显而易见的，它简化了电商运营，提高了商业效率，并且许多商品在拼多多上的价格是全网最低的。拼多多坚持以用户为中心，不仅提供实惠的价格，而且售后服务也非常出色，使消费者在购买商品时获得幸福感。

小米公司以其高性价比的产品策略，在市场上被誉为"价格屠夫"。小米创造的价值是显而易见的，小米已成为高性价比的代名词，使得消费者能够以更实惠的价格体验先进技术带来的乐趣。雷军在崔永元的节目中曾提到："不知道大家有没有发现，自从小米出现后的这几年，手机市场上的山寨手机基本都已经消失了，这是一个很好的现象。"小米把很多行业价格打下来了，让消费者获得实惠，从而提升了消费者的幸福感。

我们要观察价值创造给顾客带来的幸福感，没有比苹果专卖店门口更合适的地方了。看着那些手里拿着包装精美的设备走出商店的顾客们，他们虽然为了这些苹果产品支付了高昂的价格，但看看他们脸上的神情，无不流露着骄傲和期待。在这一刻，他们的幸福感得到了极大提升。

★ *为用户提升幸福感，就是提升商业效率。*

总结

写到这里，我相信很多朋友已经对"提升商业效率"理论有所理解。在理解了"提升商业效率"理论的基础上，我们可以做出许多商业判断：

（1）以用户为中心，发现社会问题并解决社会问题，提升商业效率，从而提升幸福感。这是企业营销破局的典范之路。

（2）互联网造车新势力，越早做增程式电动车的厂家，它的商业效率就越高。它们以用户为中心开发产品，深刻理解用户需求，因此打造的增程式电动车更能满足用户的需求。从提升商业效率角度来看，增程式对于电动车行业是一个"技术红利"，抓住技术红利的企业可获得更好的营收表现。

（3）小米 SU7 上市取得了成功。从提升商业效率角度来看，我认为小米的第二辆车应该是增程式中大型 SUV，中国年轻的消费者需要高性价比、保时捷卡宴级别的国产电动车。

（4）元气森林致力于为追求健康的人群提升幸福感，这是其营销战略的核心。为此，元气森林所推出的产品坚决不使用阿斯巴甜、安赛蜜等人工合成甜味剂，也不会使用果葡糖浆、植脂末等原料。"0糖0脂0卡"仅仅是元气森林打造健康饮品的起点，并非终点。目前，元气森林已经成功推出了多款健康饮料，未来还会推出更多优质健康的饮品。

（5）有人认为自己比董宇辉更有能力，理应赚取更多的财富。然而，若从提升幸福感的视角出发，这些人的能力实际上并不如董宇辉。罗永浩说，十四亿人口国家里，能做董宇辉这个事和创造他这个价值的，不会超过五个。董宇辉帮助网友提升了幸福感，而不仅仅是卖货赚钱。观看董宇辉直播带货，所获得的知识与上一堂课所学相媲美，学习能够带来快乐，获取知识也能让人感受到幸福。这正是董宇辉被年轻人和全网丈母娘喜爱的原因。只要董宇辉能持续为网友带来幸福感，他就会持续受到欢迎。

在直播带货领域，市场并不需要一个董宇辉式的复制品。相反，它需要能够让观众感受到幸福感的全新模式——比如融合脱口秀、相声、小品、短剧等娱乐形式的直播带货。让原本需要购票才能享受的娱乐形式整合到直播带货中。

（6）互联网行业的用户思维已经改造了许多传统行业，催生了滴滴打车、美团外卖、元气森林饮品、小米手机、小米汽车以及互联网造车新势力等。未来，具备用户思维的创业者将会革新更多的行业。

（7）2024年3·15晚会曝光了很多社会问题，尤其是食品安全方面的问题。如果一个企业可以解决这些社会问题，他就会为顾客创造价值，提升幸福感。这对创业型企业来说是一个非常大的机会。

我认为，3·15晚会之后，会有很多消费者到山姆办理会员卡。人们为何愿意支付260元成为山姆会员？主要是因为中产客户更信任山姆会员超市。

越来越多的人代购胖东来的商品。原因何在？这是因为消费者对胖东来品牌的信任度更高。胖东来所提供的高品质、高性价比的商品可以提升消费者的幸福感。

三、不要用战术的勤奋，
掩盖战略的懒惰

1. 通过营销战略创造竞争优势

很多创业型企业都面临一个问题——一直招聘不到合适的新媒体运营，有时甚至一年都招聘不到一个合适的人。我们先看一下企业在招聘新媒体运营时所提出的要求：

（1）要求懂企业所在行业，可以深刻洞察用户需求。

（2）负责新媒体渠道的运营工作（小红书 / 抖音 / 微博）

——制定新媒体运营方案，带领团队完成新媒体运营目标攻坚；

——策划和执行有趣的线上和线下活动，吸引用户并增加用户黏性；

——管理社交媒体账户，创意、撰写和发布社交媒体文案、视频等，提升品牌知名度；

——监测社交媒体数据和分析反馈，进行持续优化和调整。

（3）负责线上及线下的合作洽谈，对接及推广。

（4）负责粉丝的运营及维护。

招聘不到合适的，肯定是要求太高，给的钱太少了。

企业推出新产品，需要通过推广建立品牌知名度，让客户产生认知、转化和购买。企业希望借助新媒体渠道开拓市场，吸引眼球、增加粉丝、直击痛点、刺激购买。这些想法都很好，不过有些要求超出了新媒体运营的能力范围，导致企业一直没招聘到合适的新媒体运营。

因为新媒体运营做的工作是流量和渠道，对于一家创造出竞争优势的企业来说属于锦上添花，好上加好。然而，创业型企业处在产品早期的原型设计与用户测试阶段，产品和商业模式还没有跑通，现金流还没跑出来，就急于快速拓展客户、实现企业增长，这是不切实际的。

招聘要求中的第一条实际上是营销战略中洞察用户需求的部分。如果你打算打开市场，需要一个定位作为攻破市场的核心，这就是战略定位。通过营销战略创造竞争优势，这件事不应该由新媒体运营来完成。营销战略是创始人亲自要做的一号工程，是一个"自上而下"的过程。

在制定产品策略和开发产品的过程中，先要寻找生意机会，思考客户在完成任务时会遇到什么问题。发现社会问题，打造出可以完成任务的产品，解决社会问题，帮助用户高效率达成目标。只有产品符合这个标准，在现在极度竞争的市场环境情况下，才算是一个广受欢迎、有利可图的好产品。

企业有了竞争优势，再招聘有实力的新媒体运营，就会相得益彰，好上加好。许多公司的困难不在于招聘不到合适的新媒体运营，而在于企业没有打造出竞争优势。没有竞争力的产品很可怕，同质化的思维会让你把宝贵的创业时间，不知不觉地浪费掉了。

新媒体运营的工作属于"战术"层面，而"战术"本身无法解决"战略"上的问题。

2.　商业设计离不开战略指导

由于资金限制，许多创业型企业的创始人在进行品牌设计过程中尽量节约开支。他们通常自己想个品牌去注册，然后找个设计公司创建 logo 和部分 VI 应用。这种做法的主要问题是，缺乏一个明确的营销战略来指导企业的发展方向。有了战略，企业才能明确自己能做什么，不能做什么。没有战略，品牌很容易偏离正确的发展路径，最终做成一个没有品牌力的品牌。

很多品牌看起来还不错，但是如果打分也就是 80 分，这是最吃亏的。做品牌最忌讳的就是将水烧到 80 摄氏度，水没开，钱都浪费了。如果想打造一个自带流量的超级品牌，就一定要把水烧到 100 摄氏度，确保水烧开。现在仅有九家店的人民咖啡馆就是自带流量的品牌。

为什么说把品牌做到 80 分是最吃亏的呢？因为，做品牌的各种钱也没少花，找专业设计公司做品牌设计、包装设计、店面设计等。此外，产品材料都是采用高质量的原料，按照大品牌的采购标准进行。然后，最终做出来的品牌形象感觉就是差了一块，成了最大的短板。品牌没有借势文化资源，传播效率低。有消费能力的客户看不上，看得上的客户觉得价格贵了。

有时这类创业者的生意已经跑通了，盈利了，复制开了多家店。然而，当他们将店铺开到一线城市时，却发现无法实现盈利，开始出现亏损。这里最大的问题在于，他们的品牌设计缺乏破局思维和流量思维，品牌定位、包装设计、商业空间设计都需要进行营销战略的升级。

为什么要重视品牌形象？品牌形象的优劣直接影响着客户的选择和购买。我们从克里斯坦森教授的"客户目标达成理论"来解释品牌形象的重要性。在社交媒体尚未流行之前，人们购买产品主要是基于使用功能，只要产品有效，外观不是首要考虑因素。然而，随着社交媒体的兴起，这种观念被彻底颠覆。产品除了要满足基本使用功能外，还必须具有一定的审美价值，以便在朋友圈、小红书等社交平台上展示，满足人们的社交需求。当前，年轻人对产品的品质感和颜值要求愈发严格。

拿破仑说："不想当将军的士兵不是好士兵。"我认为，作为公司的领导者，必须怀揣打造超级品牌的雄心。从品牌形象的打造开始，就应遵循超级品牌的设计标准。作为公司的领导者，带领着众多员工，如果连自己都缺乏自信，企业又怎能走向成功？创建超级品牌绝非易事，对自己狠一点，世界就会对你好一点。如果把品牌凑合做了，世界就会对你残酷一点。

实际上，无论是餐饮行业还是其他行业，国内许多知名品牌都通过聘请战略咨询公司来进行商业设计。例如，辣员外重庆火锅在进行改造后，顾客的好评率显著提升，普遍反映环境变得更好了，更符合用户需求，从而提高了商业效率。

★有战略指导的商业设计，就是提升商业效率。

3. 创业的本质是解决社会问题

在菲利普·科特勒第 16 版的《营销管理》中，这位公认的市场营销大师如此写道："销售和广告仅仅是市场销售的冰山一角而已。今天，不应该再以陈旧的达成销售的观念——劝说和销售，而要以满足客户需求的新观念来理解市场营销。如果市场营销者能够很好地理解客户需求，开发并提供高价值的产品，有效的定价、开拓产品渠道和产品促销，这些产品就很容易出售。"

营销的定义是什么？

菲利普·科特勒说："营销就是要在满足客户需要的同时创造利润。"

营销的本质是什么？

是洞察需求！

（发现社会问题）

营销策略有什么？

人无我有，人有我优，人优我精。

（解决社会问题）

别人没有，我们有；别人有了，我们做得好；别人做得好了，我要做得更好。

Facebook 创始人扎克伯格谈及自己对创业的理解时说："当你决定创业时，一定要本着去为这个世界解决一个问题的想法，而不是想建立一个公司。你会发现，那些最好的公司都是从解决一个小问题开始到带来整个社会的变革的，没有人一开始就抱着赚大钱或者雇一大群人来为我服务的想法开始的。"

创业型企业有一些现象：

（1）创业公司的老板一天一个想法，经常自相矛盾。因为没有自己的营销战略规划，想一出是一出。

（2）想要创业却不知道该干什么，正好有朋友邀请你一起创业，大家都没有思考过营销战略问题。

（3）很多朋友从互联网大厂离职之后就去创业了。对于这些朋友来说，最大的困惑在于不知道选择哪个创业方向和如何创造竞争优势。

（4）没有破局思维，所打造的品牌缺乏品牌力和传播力，仅具备一定的产品力。由于品牌力和传播力不足，这类产品的品牌传播效率低，导致大量资金被消耗在推广费上了，有时推广费甚至超过了销售额。

现在盲目创业的人越来越多。他们去注册公司、装修办公室、装修门店、招聘员工，风风火火地投入创业。忙到最后，做出来的产品可能并不符合用户需求，不卖货；或者品牌传播效率低，卖货是赔钱的。

扎克伯格提醒创业者："你要想着解决问题，而不是想着去开一家公司。这在硅谷是很普遍的问题，很多人在没有想到解决什么样的问题之前就开了公司，在我看来这是很疯狂的。"

赚钱的本质，实际上是给人带去价值，要毫无保留，竭尽全力服务你的客户，这是天道。而赚大钱的基础就是顺应天道。

发现社会问题→提升商业效率→解决社会问题
→提升幸福感→创造竞争优势＝顺应天道

所以找创业的方向就应该从"发现社会问题"去入手。

社会问题并不难发现。餐馆通常使用每桶 20 升的餐饮专用油，而油炸食品往往采用精炼棕榈油或起酥油。一般而言，餐饮行业使用的油品 omega-6 含量较高。从解决社会问题的角度出发，如果餐馆能提供更多选择，顾客每道菜仅需额外支付 3 元，便可将餐饮专用油替换为山茶油或橄榄油，这将是一个不错的选择。

山茶油和橄榄油中的 omega-3 和 omega-6 的比例接近 1:4 的黄金标准。

据德勤咨询发布的《2020 年健康医疗预测报告》显示，中国的"三高"（高血压、高血脂、高血糖）患者人数合计达到了惊人的 3.5 亿。其中，高血压患者人数估计在 1.6 至 1.7 亿之间，高血脂患者超过 1 亿，糖尿病患者则达到了 9240 万。尽管如此，市场上仍然缺乏专为高血脂患者设计的餐饮服务。若一家餐馆能够专注于提供低盐、低脂、低糖的定制餐食，将满足这一庞大的市场需求。

制作低盐、低脂、低糖的菜品在技术上并不复杂。例如，对于肉类，不要过油，利用万能蒸烤箱、烤箱、蒸锅进行烹饪，做熟后用少量山茶油翻炒，加入适量调料即可享用。

如果有一家餐馆能提供低盐、低脂、低糖的菜品，再加上带有破局思维的商业设计，它就有潜力成为一个自带流量的超级品牌。

创业的本质就是为了"解决社会问题"。守业能够成功的本质就是"人民持续不断地需要你"。如果一家公司不能解决社会问题，不能解决行业问题，这家企业就不能爆发式增长。

有些人认为，解决社会问题是大型企业的事，必须有雄厚的资金支持。以前面提到的例子为例，一家餐馆只需在每道菜上增加额外收取 3 元的选项，顾客便能将餐饮专用油、起酥油替换为山茶油或橄榄油，为顾客提供更多的选择，这就是一种解决社会问题的方式。

因此，解决社会问题不是有多难，而是行业里的人对问题早已习以为常，没有从破局思维的高度认识到企业应承担起解决社会问题的责任。只有解决了社会问题，创业型企业才有机会快速发展并壮大。

行业里的人对社会问题已经视而不见了，如果你是个新人，提出想要解决这些问题的想法，大多数人会嘲笑你是个外行。

大型企业都视而不见的社会问题，行业里的人都闭口不谈的社会问题，你一家创业型企业给解决了，这会产生多大的新闻价值！新闻价值会带来流量。流量是什么呢？流量就是钱。现在做生意就是这样，要不然有钱，要不然有流量；既没钱也没有流量，那么你的生意如何破局呢？

很多人认为营销无非是换汤不换药，关键在于提升品牌的传播效率。其实，真正的营销并非仅仅是吸引消费者，而是要解决实际的社会问题。只有当营销真正地解决了社会问题，才能为客户创造出真正的价值。

什么是价值？稀缺就是价值。用户对稀缺资源的高度关注可以帮助企业构建"流量中心"。一旦企业建立了"流量中心"，成功几乎是必然的。理解这一流程，就是掌握了营销的本质。

稻盛和夫讲的得失观和善恶观，"利他之心为善，利己之心为恶"说的就是在思考问题的时候不应局限于个人的得失，而是应该从对人类好坏的角度去考量。本书专门分析如何提高商业效率，其根本目的在于切实解决用户遇到的问题。

★解决一个社会问题，就是提升商业效率。

02

第二部分　战术

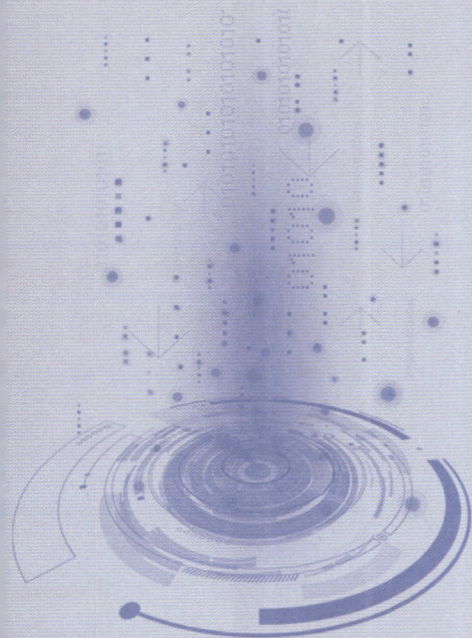

一、产品

2014 年 9 月，极客公园张朋与张一鸣、傅盛、黎万强、周航等一批中国新生代企业家，在美国特斯拉总部办公室见到马斯克后，周航提了一个问题："你决定做特斯拉的时候，电动车还没今天这么火，哪些因素让你判断这是个机会？"

马斯克答："我从来没觉得电动车是个好机会。我其实一直觉得做特斯拉的失败率比成功率大得多，我只是觉得这是应该要去做的事情，而且我不想苦等别人来实现。"

马斯克的理念是"改变世界"，他相信技术和科学能够解决许多全球性的问题，并为人类带来更美好的未来。马斯克的理念跟"提升商业效率"理论不谋而合，解决社会问题为人类创造幸福。

1. 打造现象级产品

大家有没有发现一个现象，许多大型企业一旦发展到一定的体量，就很难再做出现象级产品了。相反，你会发现，很多现象级产品都是创业型企业做出来的。

> 2002 年，胖东来生活广场开业，卖点"提升员工和顾客的幸福感"。
>
> 2012 年 8 月，张一鸣的公司发布今日头条的第一个版本，卖点"向合适的人推荐合适的信息"。
>
> 2015 年 9 月，黄峥旗下的公司内部孵化出拼多多，卖点"社交 + 低价"新电商。
>
> 2018 年 5 月，元气森林气泡水上市，卖点"健康 + 好喝"，产品实现"0 糖 0 脂 0 卡"。

克里斯坦森教授在《创新者的窘境》中提到，创新可以分为两种类型：

（1）颠覆性创新

颠覆性创新是完全另起炉灶、打破传统的创新。

颠覆性创新不和竞争对手在原有的产品主流性能上争长短，也就是对手在什么方面强，我弱一点没关系，但我拿出一个新的性能。在诞生初期，颠覆性创新产品的性能要低于主流市场的成熟产品，但其某些新特征会使得这种产品受到非主流消费者的喜爱。

颠覆性创新是通过引入一种新型产品或服务，创造一个全新的市场。

大型企业不会采用颠覆性创新，因为颠覆性创新对应的是低端市场或者未被满足需求的小市场，而小市场无法满足大型企业的增长或盈利需求。大型企业在追求短期业绩增长的过程中，往往不会采取颠覆性创新的方法来开发现象级的产品，这正是它们在创新过程中所面临的困境。

通常颠覆性创新产品就是现象级产品。

（2）渐进性创新

渐进性创新是为主流客户提供更好的产品，并从中获得更高的利润。

比如：诺基亚功能机的升级换代属于渐进式创新，苹果第一代 iPhone 属于颠覆性创新。

传统车企对燃油车的更新换代属于渐进式创新。互联网造车新势力打造出来的电动车属于颠覆性创新。增程式电动车属于颠覆性创新，对燃油车和电动车都具有极大影响。

大型企业，往往专注于渐进性创新。

这是否意味着这些大型企业，没有颠覆性创新的能力？

并非如此。实际上，很多颠覆性创新的关键技术，正是源自于大型企业。然而，将这些创新发扬光大的，却往往是小团队。

这样的例子比比皆是。1975 年，柯达研发出世界上第一台数码相机，比索尼的第一台数码相机早了 6 年，可是数码技术却被柯达给雪藏了。

第一个研发出手机触屏功能的公司是诺基亚。早在第一代 iPhone 上市时，诺基亚的工程师便对其进行了深入的研究，并最终得出结论，这款产品不会对诺基亚构成威胁，原因是造价过高，仅支持 2G 网络，而且未能通过基本的抗摔测试。

颠覆性创新可以让一家创业型企业打造出现象级产品，让企业从小到大，让品牌从低端走向高端。

小米手机已经开始专注于主流市场，而低端市场则交由红米负责；小米汽车直接定位于中高端市场。

拼多多走出了一条典型的颠覆性创新路径——从低端市场起步，然后再进入主流市场。

创业型企业的生意机会在新市场。创业型企业缺乏资源，但这没有关系。创业型企业的价值观让他们可以拥抱"未被满足需求的新市场"，它们的成本结构也可以适应低利润。创业型企业战略规划中的市场定位要在"未被满足需求的新市场"重点发力。

我前面提到餐馆可以让顾客增加 3 元钱换用山茶油、橄榄油做菜，这就先从未被满足需求的新市场开始做，进行颠覆性创新，最终对整个餐饮市场都会具有革命性的影响。

★*打造现象级产品，就是提升商业效率。*

● 为什么 95% 的新品都会失败

根据尼尔森的数据，中国快消品市场中新产品的成功率平均不足 5%，大多数新产品的市场生命周期仅为九个月。换言之，95% 的新产品在上市九个月内宣告失败，每个项目的亏损额介于 100 万元至 5000 万元之间，这一数据令人震惊。

为什么会这样呢？是产品经理不够聪明，广告创意不够吸引人，还是消费者已经变得难以理解了？

　　我认为都不是。主要原因是，现在各个行业已经很"内卷"了，多数人沿用的细分市场，建立品牌以及理解客户需求的方法，都已经过时了。

以前我们的主流市场细分法

　　（1）产品分类

　　例如：饮料分类为碳酸饮料、乳类饮料、果汁饮料、饮用水、茶类饮料、果蔬汁饮料。

　　（2）消费者类型分类

　　例如：把消费者按照年龄、性别划分，或者按照家庭年收入等级划分，小康、中产和富裕。

　　有了这些划分之后，营销人员便开始去了解这些细分市场中代表性消费者的需求，然后再推出满足这些需求的产品。但问题在于，这里重点研究的是产品和人群，并不能完整还原消费者购买产品的真实意图。这样做的后果是，我们经常开发出一些客户根本不需要的新产品或者改进型产品。

　　我们有一个更好的方法：不要试图去理解"典型"客户，而要去发现客户需要完成什么样的任务。基于这一点，我们创建用途品牌，即消费者为了完成这些任务而能够依赖的产品或服务。

　　手机普及之前，很多有线电话机的用户会提意见，希望电话机听筒的线可以加长一些，因为他们打电话的时候，喜欢来回走动。但是，如果电话机公司真去加长听筒的线，就算加到 10 米，用户最后也会抛弃你，而去选择购买手机。

为什么？因为用户真正的需求，不是更长的听筒的线，而是打电话的时候可以自由走动，不受空间的限制。手机才是更好的解决方案。

如果亨利·福特在发明汽车之前去做市场调研，他得到的答案一定是，消费者希望得到一辆更快的马车。用户真正的需求，不是更快的马车，而是需要出行更快、更便捷、更舒适、更安全的交通工具。

关于这个问题，哈佛商学院教授克莱顿·克里斯坦森提出的"待办任务"理论（jobs-to-be-done）。这个理论定义是，用户购买商品，不是拥有这件商品，而是这件商品帮他完成一件现实中的任务。

所以，不要被用户表面需求迷惑，要深刻洞察用户更底层的动机成因，如此方能为用户提供真正的价值。企业想要开发出消费者想要的产品，就必须以"任务"而非"客户"作为基本的分析单元。通过将"产品"和"客户"作为分析的核心，你会发现市场竞争激烈，处处是红海；而将"任务"作为分析的出发点，你会发现充满机会，到处都是蓝海。

以产品和客户作为分析的核心打造新产品，表面看有了一定的创新，但实际上，产品高度同质化，很容易导致新产品的失败。

★企业以"任务"作为基本的分析单元开发产品，就是提升商业效率。

2. 一切新产品都经过试销

很多创业者没有搞明白第一批产品是做什么用的。第一批产品不是为了赚钱，而是用于收集销售数据。所以，第一批产品的生产数量一定要少，不要考虑单价成本。很多创业公司为了拿到比较低的价格，生产了一大批货。如果卖不动，资金就全压在这里了。实际上，工厂有两种生产模式，流水线生产和手工生产。流水线生产需要一定的起订量，要不然都不够调试设备的。手工生产就没有起订量了，生产多少都行，就是生产效率低，成本会很高。

聪明的创业者，第一批试销的产品，不要上流水线，先手工生产小批量的。这样虽然单价比较高，但总价会比较低。在试销的时候，还是按照大批量生产核算下来的成本去设置零售价。如果试销成功，马上就可以正式批量生产。采用最小化试销模式，能有效控制投资风险。如果卖不动，还能及时发现并解决问题。因此，聪明的创业者不会一开始就投入全部资金，而是会保留部分资金用于产品改进，确保新品试销的成功。

只要你开发出能够帮助客户完成任务的产品，并成功试销，那么就不需要烧钱了，自然会有经销商主动来订货。有些创业者在产品试销还未成功之前，就到处找投资，这是不对的。投资的目的是什么？投资是要求高额回报的。

开实体店也是一样的，先从小店开始做。很多老板没有行业经验，上来就敢开上千平米的餐厅，这样做风险狠大。产品试销成功后，创业者就有机会拥有一个好生意。我们知道，一个好生意是不缺投资者和合作伙伴的。

3.　营造产品稀缺性

（1）产品为什么卖不动

很多创业者在那里着急，生气，挺好的产品为什么卖不动呢，客户怎么不识货啊，明明我这个产品比目前热销品牌的产品质量要好啊。然后逢人就说："我家产品特别好，就是营销做得不好。"

很多创业者坚信他们的产品在某个领域具有优势，因而会认为产品必然畅销。然而，这种看法并非总是成立。产品是否能够畅销，取决于其综合实力，特别是品牌的传播效率，以及品牌是否给消费者提供了价值。创业者所认为的优势，在消费者眼中可能并不重要。

创业者是不容易的，产品没做出来之前，天天忙着把产品做出来。等产品做出来，销量没有达到预期，还要绞尽脑汁想办法提高销量。如果这个产品不能更好地帮助客户完成任务，没有给客户一个必须选择的理由，客户会继续选择其他热销产品。不烧钱很难提高一个同质化产品的销量。

（2）产品开发顺序

创业者最容易犯的错误就是把产品开发顺序搞错了。创业者往往凭借拥有一些资源，就先把产品做出来了，然后再去找市场，发现产品卖不动，再去想办法。这样就会很被动。最后实在没办法，低于成本放在电商平台上清货了。这就是产品开发顺序搞错了。

应用"提升商业效率"理论，做产品的正确步骤如下：

① 判定本类别以及相关行业发展阶段以及发展趋势。

② 明确本类别的核心需求，搞清楚客户有什么不能完成的"待办任务"，也就是发现社会问题。

③ 找到解决社会问题的方案，这个方案就是生意机会。

④ 确定营销战略方向，以及实现途径。

⑤ 用破局思维打造一个借势主流文化的品牌，提升品牌力和传播力。

⑥ 打造出能够帮助客户更好地完成任务的产品。

⑦ 进行产品试销，如果前面步骤做得对就会打造一个现象级产品，冷启动销售就可以盈利。（冷启动销售不成功，从上面步骤中找到问题，修改后再往下走）

⑧ 试销成功后，去更多媒体宣传，复制成功。

⑨ 现象级产品热销后，品牌将自带流量，成为超级品牌。

⑩ 启动大面积传播，复制成功，让企业现金流和利润短时间内爆发式增长。

创业真的是撞大运吗？还是因为我们不理解创业成功背后的原因，才使之显得如此困难？克里斯坦森教授的"待办任务"理论可以帮助我们判断这个企业的产品是否会得到客户的喜爱。

（3）企业在开发产品时应始终围绕一个核心宗旨

各位是否有过以下经历：

① 做生意遇到瓶颈期；

② 用心做好产品却卖不动；

③ 招聘不到有能力的人才；

④ 企业长期招聘销售，一年到头却招不到人，即使招聘到也留不住；

⑤ 产品同质化严重，必须微利，甚至低于成本才能销售出去；

⑥ 实体店一直亏损，该不该继续干下去？

⑦ 赌上全部身家做生意，感觉压力山大。

这些情况可以概括为"生意难以为继"。许多人可能认为生意难做是因为不够努力、资金不足、未能获得投资、合伙人撤伙或是受到大环境的影响。然而，这些只是表面原因，并非问题的核心。问题的本质在于"产品难以销售"。而产品销售困难的根本原因是市场上类似产品过多，导致产品缺乏稀缺性。

稀缺性的概念在整个经济理论中起着至关重要的作用。一些经济学家认为稀缺性是经济学存在的前提条件，所以往往用稀缺性来定义经济学。掌握稀缺性的含义，对于投资、创业做出正确的决策极为关键。因此，企业在开发产品时应始终围绕一个核心宗旨：营造产品的稀缺性。那么，如何营造产品的稀缺性呢？

① 企业要致力于打造现象级产品，现象级产品具有稀缺性。

② 理想推出的第一款增程式电动车具有稀缺性。

③ 市场上的无糖饮料种类繁多，元气森林推出的 0 糖 0 脂 0 卡气泡水设定了更高的健康标准。

④ 传统超市众多，而胖东来超市的商品品质堪称业内顶尖。胖东来的老板于东来，致力于创造一个环境，让员工、供应商和顾客都感到幸福。在全国范围内，他是唯一做到这一点的老板。

⑤ 满足消费者的精神需求。大多数咖啡馆专注于满足消费者的物质需求，而人民咖啡馆则致力于为年轻人提供情绪价值。

⑥ 借势强势文化的品牌提高了传播效率，具有稀缺性。

提升商业效率的战略目标是打造"稀缺性"。人的欲望是无穷的，而能够极致满足人民欲望的产品是稀缺的。提升商业效率的具体做法是提高"品牌力、产品力、传播力"三个维度的商业效率，发现社会问题，解决社会问题，从而满足人们未被满足的需求。

⑦ 采用互联网的用户思维改造传统行业具有稀缺性。（举例：小米、元气森林、理想、蔚来、人民咖啡馆）

这世界上，总有人选择开始简单的事情。虽然开始都是"宽门"，但会发现，到后面竞争者挤满了道路，越来越难。而另一些人，会选择开始很难的事情，虽然开始是"窄门"，看上去荆棘密布，但一旦披荆斩棘跨过去，便是海阔天空。

打造稀缺性产品就是一种"窄门"思维的创业道路。打造稀缺性产品最初期是比较难的，需要掌握破局思维，以"待办任务"理论为基础，以客户未被满足的需求为原点，找到生意机会，这样才能做出具有稀缺性的产品。

★ *打造稀缺性产品，就是提升商业效率。*

（4）战略大师同样具有稀缺性

顶尖高手总是选择"窄门"，因为他们明白，容易走的路都是下坡路。战略咨询行业就是个典型的窄门生意。为什么这一行业没有三十五岁焦虑？因为这个行业需要大量的积累，需要你懂战略，懂营销，懂市场，懂渠道，懂设计，懂广告，懂传播，懂产品，懂技术，懂心理学，会研究人性，会洞察客户，要有一颗坚持做研究的心。战略咨询行业最少要十年才能入门，如果走了一些弯路，那就需要十到二十年才能从优秀到卓越。三十五岁对于大多数做战略咨询行业是刚入门的年龄。

你会发现，真正的战略大师对这个行业有着极大的热爱，单纯的喜欢是不够的，必须是深深的热爱。战略大师们有一个共同的特质，都是特别爱琢磨的人，对于任何问题都喜欢打破砂锅问到底，一定搞清楚它的因果关系。很多战略大师会沉浸在对一个问题的思考中直到深夜，甚至在梦中继续寻找答案，直到第二天早上醒来时找到解决方案。这种情况对于战略大师来说，太常见了。从一个营销人员成长为战略大师，需要超过十年的时间积累，同时还需要天赋，因为这个行业太窄门了。因此，在中国，真正能洞察商业本质、能够帮助企业赚取巨额利润的战略大师寥寥无几，顶尖的战略大师更是不超过十几人。当你具备帮助企业制定破局的营销战略时，你会发现自己的职业道路将变得越来越顺畅。

很多朋友在此可能会好奇，相比于大多数老板或经理人，战略大师究竟拥有哪些出众的特质？大多数老板、经理人一直从事某一个行业，并在该行业赚到钱了，拿到结果了，从而形成了自己对商业成功的一套认识和逻辑。然而，这里存在一个风险：许多老板将这套逻辑应用于其他行业时，经常会出现问题。俗话说，隔行如隔山，每个行业和领域都有其独特性，包括不同的技术、技巧和方法。战略大师精通多个行业的逻辑，并能将这些逻辑融会贯通，帮助你找到提升商业效率的方法，从而大大提高了商业成功的概率。

有一类老板特别出色，他们在三个或更多不同行业中经营生意，并且能够洞察各个行业成功的逻辑，因此获得了成功。这类老板通常有一个共同的特点：习惯于聘请来自各个领域的专家，参与到决策过程中。像这样的老板非常稀缺，因此他们能够在多个行业中取得成功。

在社会上，绝大多数人是用一元世界观来看待问题。他们往往因为别人的观念与自己的认知不同，就会否定对方。然而，战略大师由于接触过众多老板和人群，基本上已经从一元世界观转变为多元世界观。他们认为很多人提出的观点都是有道理的，只是基于不同的视角来看问题。那么，为什么超过96%的创业公司会在0—1起步阶段失败呢？原因在于，创业团队成员普遍持有一元世界观，每个人都坚信自己的观点是正确的，导致团队成员间频繁争执，无法达成一致。在战略大师看来，这些争论完全是无意义的，因为每个人的观点都是正确的，只是站在不同的立场上。许多创业公司过分关注的点可能是当前阶段并不重要的事情，而真正重要的问题却被忽视了。这种内耗严重影响了企业的商业效率，使其缺乏竞争力。实际上，大约99%的创业失败都是由于内耗导致的商业效率低下，难以打造出具有竞争力且稀缺的产品。

因此，众多企业之所以会聘请战略咨询公司，正是因为战略专家能够提供一条易于执行的策略。企业团队成员都按照一个方向去努力，生意成功概率就会提高很多。

在世界500强企业中，有高达60%的公司与国际知名咨询公司保持长期合作关系。例如，自 1996 年起，华为累计向各类咨询公司支付的咨询费用已高达几十亿美元；同时，国内众多知名品牌连锁店的商业设计，都是由咨询公司来完成的。可以说，咨询服务已成为企业发展壮大不可或缺的部分。

一元世界观的人可能会产生疑问：这些公司难道就不能自行解决问题吗？为何要花重金寻求外部帮助？

实际上，有一个常见的误区：许多人认为只有成为大企业后，才需要聘请咨询公司。但事实是，很多企业之所以能成长为大企业，正是因为找到了合适的咨询公司。

如果你从一元世界观转变到多元世界观，你会发现，尽管有许多事物是你无法理解的，但它们的存在都有其合理性。在商业中，最佳策略是理解并掌握各种原理和方法，以便能够根据不同情况灵活应对。正如小米创始人雷军所讲的，做企业的秘诀在于顺势而为。

★*企业邀请战略大师，就是提升商业效率。*

4. 提供社交属性与情绪价值

顾客购买产品想完成什么任务？

人们需要或想要完成的每项任务都具有功能属性、社交属性和情绪价值三个维度。

顾客购买劳力士想要完成什么任务？

功能属性：为了看时间。

社交属性：奢侈品名表自带社交属性。

情绪价值：获得优越感，虚荣心得到满足。

有人曾戏言："不戴劳力士谈生意，别人不是看不起你，而是看不见你。"虽然夸张，但足以说明劳力士的地位。

顾客购买理想增程式汽车要完成什么任务？

功能属性：平时当电车开，出远门上高速当油车开。

社交属性：随着 MEGA 的推出，理想的社交属性也在增强。

情绪价值：奶爸把更多的需求给了孩子，小朋友喜欢大空间，喜欢在车内看动画片。理想是一款真正为家庭用户打造的"奶爸车"。

如果觉得燃油车加油太贵，电动车充电比较慢的情况下，完全可以选择增程式汽车。

顾客购买元气森林气泡水要完成什么任务？

功能属性："健康 + 好喝"的饮料。

社交属性：抓住了年轻人"颜控"心理，适合拍照打卡发在社交媒体上。（这点跟现在年轻人去人民咖啡馆拍照打卡财神奶咖是一样的）

情绪价值："0 糖 0 脂 0 卡"既能让人解馋，喝完又没有负罪感。

元气森林"0糖0脂0卡"气泡水是契合饮料行业健康升级要求的产品，用来完成"好喝不胖"的任务。

顾客去海底捞吃饭想要完成什么任务？

功能属性：为了吃火锅。

社交属性：海底捞的服务堪称餐饮业的巅峰，而火锅本身就具有社交的特性，这使得海底捞的服务总能产生令人赞叹的故事，让顾客自发地在自媒体上分享他们的惊艳体验。

情绪价值：海底捞不仅提供单一产品功能价值，而且为顾客提供情绪价值。通过生日庆祝、寿星抽奖、情感陪聊等服务，海底捞满足了顾客的情感需求。

想要在一个充满快乐和更具氛围感的环境中用餐，请选择海底捞，它可以帮助顾客完成任务。

请朋友吃全聚德想要完成什么任务？

功能属性：为了吃烤鸭。

社交属性：吃北京烤鸭有很强的社交属性，亲朋好友到北京一定要去全聚德，既有里子又有面子。

情绪价值：故宫博物院、天安门广场、长城以及全聚德，是来北京旅游时必去的一个摄影"景点"。邀请朋友品尝全聚德的北京烤鸭，旨在满足旅游者的"情感需求"。

现在，请朋友吃北京烤鸭有了更多的选择。便宜坊、大董、四季民福等也能满足他们对北京烤鸭的功能、社交和情感需求。

看今日头条想完成什么任务？

功能属性：利用碎片时间看新闻资讯。

社交属性：今日头条可以进行文字评论，具有一定的社交属性。

情绪价值：让身心得到放松。

很多人看今日头条是希望利用碎片时间看新闻资讯放松一下，但今日头条的智能算法推荐的内容往往令人上瘾，让人欲罢不能。这类程序，通常会占用更多的时间。

买茅台的人想要完成什么任务？

功能属性：（1）为了送礼；（2）用于宴请朋友；（3）为了投资收藏。

社交属性：当你在聚会上拿出茅台的时候，是你真金白银的尊重和倾其所能的美好分享。

情绪价值：消费者喝茅台的时候，喝的不仅是酒，很多时候是情感和对美好生活的向往。

品尝飞天茅台，其价值无须多言，饮酒之人皆知其不菲。

去西贝想要完成什么任务？

功能属性：（1）带宝宝出去吃饭；（2）满足孩子想要去西贝吃饭的意愿；（3）内蒙古人吃家乡菜。

社交属性：西贝的儿童餐不仅营养丰富，而且外观精美，非常适合在朋友圈和社交媒体上分享。

情绪价值：（1）看着宝宝在精心挑选的餐厅里开心地吃饭，给人带来了极大的情感满足；（2）在尊重孩子选择的场景下，扮演好爸爸（好妈妈）的角色；（3）内蒙古人想家乡的味道了，就来西贝吃莜面、羊肉等家乡的美食，满足他们对故乡的思念之情。

每次经过购物中心的西贝时，我都注意到有许多人在等位，这让我有些不解。他家东西虽然味道好吃，但在我看来，并不至于需要拿号等位。同时，很多人也认为他们家的价格略高。如果你周末去西贝，就会发现，餐厅几乎座无虚席，四周环顾，大约90%都是带着宝宝、孩子来用餐的。

每次问孩子想吃什么，得到的回答总是"西贝"。父母们会在很多事情上对孩子说"不"：不能吃垃圾食品；不能养宠物；不能再买玩具了；不能熬夜，要早睡觉。父母们也希望有一个可以说"是"而没有坏处的选项，这样可以让自己扮演好爸爸（好妈妈）的角色。

孩子点名要去西贝。我会说："好的，就去西贝。"我觉得相对于洋快餐，由营养师参与开发的专业儿童餐会更健康一些，适合处于生长发育期的孩子。

孩子为什么都点名想去西贝？因为孩子在西贝用餐的体验很好。孩子都嘴急，饿了就马上要吃，要不然就会闹。西贝一进去，你什么都没说，服务员先给孩子拿上小零食，端上小米粥。孩子吃几口不太饿了，然后服务员给孩子送来拼音卡通画册，让孩子在等菜的时候也有事可做。很多餐饮店里，儿童餐就是大人餐的迷你版，而由营养师开发的西贝专业儿童餐，孩子爱吃的同时，也保证了营养均衡。还有精致好看小巧的专属儿童餐具。孩子非常喜欢这些小的东西，有过家家的感觉。等孩子吃完饭，还可以去门口领走一个气球。这一套流程下来，孩子很满足，很开心。说实在的，我不是小孩子，我要是小孩子，我也想去西贝。

　　还有很多人说西贝价格太贵，这要看从什么角度去理解这个问题。如果只是比拼菜品，比西贝菜品性价比高的餐饮有很多。如果从完成任务角度去理解，别看购物中心有很多家餐馆，适合带孩子去吃的却少之又少，尤其是带三岁以内的小宝宝。一般餐馆的思路是弄些辣的、酸的、咸的重口味，让人吃上瘾，所以，外面菜馆的饭，很多都不适合给孩子吃。儿童餐很多餐馆都会做，一般是孩子爱吃什么就做什么。拿起酥油、棕榈油炸的炸鸡、炸薯条给孩子吃。对于现在的年轻人来说，让他们带孩子吃这些东西，心里也有负担，觉得给孩子吃了不健康的食物。

　　你要去过儿童医院、儿研所内分泌科就知道了。如果孩子吃饭营养不均衡，也会"三高"，需要多运动和控制脂肪的摄入量；有的小女孩发胖早熟了，影响身高发育，需要吃抑制发育的药；有的身高矮小，需要打生长激素，这个费用比较高，一年就需要几万元，需要打几年。从帮助客户完成"好爸爸（好妈妈）带孩子吃健康儿童餐"这个任务来看，西贝的价格不贵，非常合适。

★品牌可以提供社交属性和情绪价值，就是提升商业效率。

二、服务

1. 海底捞成功的本质是什么

说起海底捞，相信在中国无人不知，无人不晓，生意极为火爆。海底捞之所出名，不仅仅是味道，更重要是海底捞的服务，让人折服。在等待区，顾客不仅可以享受免费美甲服务，而且有人负责擦鞋，有人负责送瓜子饮料，还有人负责送甜品。

海底捞提供了许多出人意料的服务：

（1）如果你独自一人吃火锅，他们怕你孤单，在你对面放个陪吃娃娃。

（2）你说海底捞的西瓜好吃，走的时候他会送你一个西瓜。

（3）如果你喜欢吃橙子，在等待时吃了两个橙子，被服务员注意到后，他们不久便会为你端上一杯鲜榨橙汁和一个橙子拼盘。临走时，还会给你拿五个橙子装袋，说你喜欢橙子，带回家吃。

（4）有次在海底捞，隔壁桌有人点了烩面，看到一个服务员小哥拉面的动作非常精彩,我就夸了一句。然后小哥转过来,为我们的锅中也扯了两片,表示是赠送的。

(5)一次几个朋友在海底捞聚餐为我送行,结果不小心忘记时间,发现时已经快赶不上了。急忙中发现打不到车,这时,一位"服务员"提出开车送我,最终帮助我及时赶到车站,赶上了车。

(6)我和女朋友去海底捞时,她突然肚子疼(并非生理期)。服务员发现后,不久就端来一碗姜汁红糖水,而且说已经不烫了,可以直接饮用。

海底捞是优质服务的代名词,从克里斯坦森教授的"待办任务"角度分析,海底捞帮助客户完成了"被尊重"的任务。

很多人都认为海底捞成功的本质是服务。我认为需求不是本质。

有人认为海底捞成功的本质是其薪酬激励制度。我认为激励不是本质。

还有人认为海底捞成功的本质是海底捞师徒制,老店长培养新店长可以拿到新店的分红。我认为师徒不是本质。

我最初认为海底捞成功的本质是为广大农村青年提供改变命运的平台,让一些人月薪过万,做到店长月薪甚至能达到10万。我现在认为这不是本质,这是成功的基础。

那么,海底捞成功的本质是什么?

简而言之,如果你掌握这个本质,你也能够取得成功。

一家餐饮品牌的服务能够做到与海底捞一样出色,它能比海底捞更成功吗?不行。

一家餐饮品牌给员工待遇没有竞争力,仅凭借设计薪酬激励制度可以超过海底捞吗？也不行。

一家餐饮品牌仅通过老店长培养新店长的分红制度就能超过海底捞吗？还是不行。

黄铁鹰教授写的《海底捞你学不会》，其实这本书已经告诉你了。餐饮行业想学习海底捞的优质服务，然后超过海底捞，这几乎是不可能的。

为什么？因为海底捞的商业效率是最高的，这就是海底捞成功的本质。现在海底捞成功的商业模式跟互联网公司和主播董宇辉已经一样了，都是靠卖流量来盈利了。核心竞争力体现在，海底捞已经塑造成为一个自身拥有流量的超级品牌，成为"流量中心"。消费者会自然而然地为它传播。

在餐饮行业中，海底捞是第一家提供极致服务的品牌，这一点从新闻价值的角度看具有极高的话题性。《哈佛商业评论》授予其"中国最佳商业案例研究奖"，各大商学院纷纷将海底捞作为成功案例去研究。购物中心和商业物业引进海底捞的目的是吸引客流。因此，业主提供给海底捞的房租远低于市场正常水平。2019年，海底捞的租金与营业额占比由之前的5%，下降到0.9%。这种低于正常水平的房租差价，实际上相当于海底捞收到的"广告费"。

现在即使你提供了跟海底捞一模一样的服务，在餐饮行业已经不新鲜了，也不足以成为新闻头条。因此，你很难仅凭借提供极致服务就打造出一个自带流量的超级品牌。购物中心和商业地产业主不会给你超低租金，简单说你赚不到"广告费"了。这就导致了一个问题：即便提供与海底捞相同水准的产品，海底捞能够盈利，而你可能会亏损。我相信任何企业主和投资者都不愿意做亏本的买卖。这就是"海底捞你学不会"的真正原因。现在已经不能通过"极致服务"来打造一家比海底捞商业效率还要高的餐饮品牌了。

★通过极致服务打造"流量中心"，就是提升商业效率。

2. 胖东来为什么能成功

海底捞是学不会了，但我们可以打造一家能帮助客户完成其他任务的餐饮品牌。正如我之前所说，提升商业效率的关键在于发现并解决社会问题。目前餐饮行业面临的问题主要集中在"只重视美味而忽略健康"。例如使用起酥油、精炼棕榈油的炸鸡腿，使用餐饮专用油的炒菜，以及在面包、蛋糕中使用精炼棕榈油、起酥油和人造奶油；此外，还有使用果葡糖浆和香精的果汁饮品、含有植脂末的汤底、含有亚硝酸盐的熟食、含有孔雀石绿的活鱼以及农药残留超标的蔬菜和水果。这些都是急需解决的社会问题，谁在解决这些社会问题呢？胖东来针对这些问题提供了解决方案。

胖东来创始人于东来说："现在很多粮食和肉都加了添加剂，不吃不行，一吃就生病，形成了一种恶性循环，所以我们要去解决这种问题。"

2018 年胖东来就建立了自己的食品安全检测室，主要对蔬菜水果、鲜肉、鲜禽、熟食以及水产类，每天都会定时定点抽检化验，只要不符合标准，公布信息后，就立刻下架。胖东来直接把食品的检测结果公布出来，比如公布各品牌鸡蛋的药物残留结果。

胖东来的活鱼都在他们的基地净养两周左右，平均要减重 10%，各项指标达标后你才能买到。外面豆芽不符合国家相关标准，消费者还想吃，没办法胖东来在自己的生产基地发豆芽。

胖东来最近发布了一个温馨提示：由于菠菜、小白菜、勺菜、油麦菜、芥兰、水芹、西芹按照国家相关标准，经本公司检测室的检测后，频繁出现农残不合格的情况，为了保证食品安全，以上品种暂停销售。给您购物带来的不便，敬请谅解！

我对这个提示感到难以置信，我终于明白为什么胖东来这么受欢迎了。可以说，胖东来是保障人民食品安全的最后一道防线。

在北京，我还没有看到类似胖东来这种勇于解决社会问题的超市。如果有的话，即使开在平谷，需要开车上百千米，我也愿意常去。许昌和新乡虽然只是地级市，但得益于胖东来的存在，让一二线城市的居民非常羡慕。

过去，一线城市的品牌向三四线城市扩张被视为降维打击。而现在，许昌、新乡的胖东来如果能够开到一线城市，那将是对一线城市的超市进行降维打击。这正是所谓的"冲突营销"，冲突本身就是新闻点，能够吸引大量流量。胖东来已经成为"网红景点"，很多人专程前往许昌，仅仅是为了体验胖东来，这种"超市游"颠覆了人们对传统旅游的看法。

胖东来给消费者提供的是"健康食品 + 优质服务"的超市。如果一家餐饮也想取得海底捞一样的成功，也可以通过给消费者提供"健康食品 + 优质服务"来打造一个自带流量的超级品牌。

★*提供健康食品和优质服务，就是提升商业效率。*

3. 山姆为什么那么火

在消费降级的大环境下，为何传统超市纷纷关门，而山姆却越来越受欢迎？背后的原因是什么？

国内大型超市都想复制山姆，他们学习山姆的会员制、精简 SKU 以及提供高品质、低价格的商品，但这些只是表面现象，没有学到山姆成功的本质。

这里我们将探讨一个概念——"本质思维"，它指的是看透事物本质的思维。掌握了本质思维，你就参透了事物的底层逻辑。而懂得事物的底层逻辑，是根本性解决问题的钥匙。分析事物或者问题，如果你得出的要素太多，就说明你根本就没有触及到事物的本质。越本质的东西越简单，它是诸多表面原因背后更底层的原因。只有用它，我们才能找到解决问题的根本办法，这就是大道至简。

国内很多传统商超要很高的条码费、货架费、进场费等各种费用，除此之外，还要 20%—30% 的毛利率，还要账期和无条件退货政策，且不保销量。在这样的条件下，如果厂家不能提高价格，就只能通过降低产品质量来减少成本了。

商超成功的本质在于"信任"，而传统商超却常常透支这一"信任"。它们一开始可能提供较高品质的商品，但不久后就换成本更低的供应商了，导致产品品质大幅下降。

传统商超商业效率下降的过程

产品品质下降→没有性价比→丢掉中产客户→主流客户是买特价菜的大爷、大妈以及打工人来买饭吃→商超盈利不好→只能让供应商亏损→优质供应商流失→频繁换供应商→产品品质不稳定→产品品质下降

传统超市关门的两大主要原因

（1）十年的租赁合同到期，而新合同的房租过高，已经赚不出来这个房租了。

（2）拖欠供应商货款，导致供应商停止供货。

山姆成功的本质在于提供质量稳定的高品质健康食品，赢得了客户的信任。特别是消费者观看了 2024 年的 3·15 晚会之后，去山姆办会员卡的顾客会越来越多。

现在消费者平时工作、带娃已经很累了，购物的时候就不想动脑子了。在传统超市购买食品时，要从众多科技食品中找出配料表干净的，实在太累了。稍微不留神，就买到有对健康不利成分的食品。所以现在消费者宁可舍近求远去山姆采购食品，这样基本不会踩雷。

山姆会员店所售的许多商品是国内品牌，但它们是定制的，有些甚至需要按照欧盟标准来生产。这表明我们的国产品牌完全有能力生产高品质的产品，关键在于我们缺少像山姆会员店这样

提供高品质、高性价比的商超平台。

通过山姆的成功我们得出一个结论，赢得消费者的信任会提升商业效率，这是一种具有战略性的破局思维。

★*赢得消费者的信任，就是提升商业效率。*

4. 优质服务是当今时代红利

（1）抓住时代红利

做生意最关键的是抓住时代红利，任何时候都是时势造英雄，而不是英雄造时势。我非常认同小米创始人雷军所说："选择比努力更重要，要顺势而为。"从改革开放到现在我们经历了几个红利期。

1.0 产品红利

在物质匮乏的年代，产品至关重要，只要有产品即可满足需求。战略的核心是紧抓生产环节，因为掌握生产便是掌握了战局的关键。

举例：海尔。

2.0 渠道红利

尽管产品已经存在，但销售渠道并不畅通。特别是线下渠道，这是渠道至上的时期。抓住分销渠道，就是抓住了战略的核心。

举例：国美、苏宁。

3.0 品牌红利

产品和渠道都已就绪，然而，消费者渴望购买的是品牌货，这是品牌至上的时代。在这个阶段，赢得消费者心智的竞争至关重要，占据心智资源是战略的核心。

品牌红利时代，叶茂中老师的"冲突营销"理论可以显著提升商业效率，帮助很多品牌大卖。

叶茂中老师有很多让人脍炙人口的广告语：

今年过节不收礼，收礼只收脑白金。

孔府家酒，叫人想家。

男人就应该对自己狠一点。（柒牌男装）

北极绒保暖内衣，地球人都知道。

洗洗更健康。（妇炎洁）

恒源祥，羊羊羊。

一年逛两次海澜之家，男人的衣柜。

累了困了，喝东鹏特饮。

赶集网，啥都有。

有问题，上知乎。

旅游之前，先上马蜂窝。

真男人，不做表面功夫。（健将男士内裤）

那个年代经常看电视的朋友，会对这些广告语耳熟能详。叶茂中老师是中国广告营销第一人，经他手捧红了一家又一家企业。

4.0 互联网红利

互联网技术的应用颠覆了很多行业，极大地提升了各行各业的商业效率。互联网的发展对传统行业起到了降维打击的作用。

举例：通信、搜索引擎、电商、媒体、金融、游戏。

5.0 服务红利

产品、渠道、品牌、互联网齐备，如今最为重要的是"优质服务"，谁能给客户提供优质服务，谁就能战胜竞争对手。

举例：胖东来、山姆、西贝、拼多多、滴滴、今日头条、抖音、快手、小红书、小米、理想。

★*提供优质服务，就是提升商业效率。*

那如何才能给客户提供优质服务呢？

创始人本身是目标客户，这样可以更好地了解客户需求。很多品牌的创立，都是因创始人在特定的场景下，完成任务时遇到不好的体验，于是决定创立一个品牌，来更好地完成任务。

2011 年在阿里巴巴上班的程维、王刚等同事会经常聊到创业的话题，聊得非常投机，涉及面也非常广。当时程维就注意到在英国有一家叫 Hailo 的打车公司融资非常快。随之程维就在思考，这种快车模式是否可以在中国实现？

后来程维在北京出差遇到了打车难的问题，这激发了他的创业梦想。他想开发一款类似 Hailo 的打车软件，让人们能够提前预约出租车，而不必一直等待。

2012 年 6 月 5 日，程维离开阿里，带着 80 万元的创业启动资金和在阿里学到的互联网思维模式创立了小桔科技。同年 9 月，"滴滴打车"正式上线。刚开始创业的时候异常艰难，出租车公司都不愿意合作。后来终于有一家出租车公司愿意合作。第一天一共只有 16 个司机，第二天就失去了一半，原因是司机怀疑滴滴和电信联合骗取流量的费用。为了继续经营下去，程维只能给司机们补助流量费用。理想和现实总是有差距，滴滴打车一直不温不火，程维和同事们一直在努力坚持，因为大家都认为帮助乘客更好地完成打车任务，肯定是一个好生意。

2012 年冬天北京迎来一场暴雪，这场暴雪至关重要，可以说是滴滴打车的转折点。在这场大雪天的场景下，人们几乎无法打到出租车。滴滴打车的优势显而易见，它让用户能够迅速找到出租车，这一点为滴滴赢得了大量的用户好评。此外，司机们由于减少了空驶时间，也提高了自己的收入。因此滴滴打车赢得了良好口碑。滴滴的订单数也快速增长，口碑传播让更多人知道了滴滴打车。

2014 年，滴滴和快的展开了激烈竞争。在这个时刻，柳青的加入为滴滴带来了巨大助力。柳青很快为滴滴拉来了 10 亿美元的投资，为滴滴的融资和合并快的做出了重要贡献。

2016 年 8 月，滴滴出行与 Uber 达成战略协议，正式收购了 Uber 在中国的一切运营事务。这标志着滴滴在中国取得了重大胜利。

后面的故事我们都知道了，最终滴滴打车软件成为行业巨头。

创始人非常了解用户在完成任务时遇到的困难，因为创始人也是目标客户。这种创业模式，其供求关系是"在特定的场景下，没有产品可以满足用户需求"。在这个场景下，如果创业者打造一个可以满足用户需求的产品，就非常有机会取得成功。

★*创始人是目标客户，就是提升商业效率。*

（2）做好服务细节让客户满意

在营销学上有一句名言："客户不是要买 1/4 寸的钻头，而是要买 1/4 寸的洞。"也就是说客户花钱买的不是钻头，而是一个洞。

洞察用户需求，墙上打孔有什么用处？

① 安装电器（如空调、热水器、抽油烟机、电视机等）；

② 安装灯具（包括吸顶灯、水晶灯等）；

③ 挂置吊柜（例如橱柜、吊柜）；

④ 安装窗帘杆；

⑤ 挂画。

事实上，对于大多数中国消费者而言，他们既不是想买钻头，也不是需要一个洞。他们需要商家提供专业的打孔安装服务。这背后的原因在于，我们的人工费低，买电器一般都包含安装费了，这导致我们中国人在动手能力方面相对较弱。

打孔安装是一个专业性极强的工作：

① 墙体类型包括承重墙、非承重墙、有内保温层的墙面和贴瓷砖的墙面。给通体砖打孔需使用开孔器，而对于带内保温层的墙面，则需使用加长钻头。

② 在完成钻孔后，对于承重墙，可以使用附带的金属膨胀螺丝或小黄鱼膨胀螺丝进行固定。对于非承重墙，由于采用空心砖、加气混凝土、石膏板等材质，不要用产品附带的膨胀螺丝，因为固定不住，容易掉下来，建议使用慧鱼的 DuoPower 全能锚栓。慧鱼的产品是德国进口，价格较高，我们买的产品通常不带，安装师傅也没有。

③ 墙体内可能隐藏有电线和水管，因此在钻孔前最好使用墙体探测仪进行检测。专业级探测仪的价格在 1 万元左右，安装师傅一般也没有。

为客户提供优质服务往往体现在细节上，忽视这些细节可能会对客户造成重大损失。在小红书上搜索，你会发现由于非承重墙没用慧鱼的 DuoPower 全能锚栓，所以很多东西都掉下来了，包括空调内机、抽油烟机、窗帘杆、吊柜等。

因此，为了更好地服务客户，品牌商应在产品描述和说明书中明确提示，若产品需安装在非承重墙上，建议客户自行购买慧鱼 DuoPower 全能锚栓，并推荐相应的规格型号和数量。这样做不会给品牌商增加任何额外成本，就能显著降低产品脱落的风险。如果品牌商在服务细节上更用心一些，就能帮助客户规避风险。

★*做好服务细节让客户满意，就是提升商业效率。*

三、品牌

1. 品牌名如何借势

品牌是公司最有价值的无形资产之一，营销者有责任妥善管理其价值。创建品牌既是艺术，也是科学。它需要仔细的规划、深度的长期承诺，以及富有创意的营销设计和执行。对于企业来说，创建一个自带流量的现象级产品，有助于我们创建一个超级品牌。

（1）品牌名如何借势

我在前言中提到，一个好名字能够提升商业效率。对于缺乏足够的资源的创业型企业而言，品牌名一定善于借势，这对于提升品牌的传播效率至关重要。

借势就是将你的品牌与消费者心智中已经存在的认知关联起来，借用已知信息来迅速导入未知信息。你的品牌属于未知信息，消费者心智中的已有的认知是已知信息，从而让品牌更容易被消费者认可。

（2）借势的对象

① 名人名言

2024 年 2 月 9 日开业的人民咖啡馆（前门店），仅仅两个月后就在抖音咖啡厅人气榜排名第一。在创始人的带领下，人民咖啡馆整个团队的商业敏感度非常高，在资源整合、选址和执行层面都强于很多公司。

人民咖啡馆这个品牌名商业效率很高，我们自然而然就会带来出名人名言：

人民咖啡馆——"为人民服务"

人民咖啡馆——人民需要什么，我们就提供什么

名人名言指为人类发展做出贡献的、富有知识的名人所说的能够让人懂得道理的一句较为出名的话。将品牌名与名人名言相结合是一种非常巧妙的做法，它能让消费者在看到你的品牌时，自然而然地联想到品牌的价值主张。

② 经典台词

闲鱼 App——"做人如果没有梦想，那跟咸鱼有什么区别？"

这是周星驰电影《少林足球》里的一句经典台词。

红星向前面包牛奶公司——"面包会有的，牛奶会有的，一切都会有的。"

这是苏联电影《列宁在 1918 年》里的一句经典台词。

③ 熟语

熟语，指常用的固定短语，包括成语、谚语、歇后语和惯用语。熟语一般具有两个特点：结构上的稳定性、意义上的整体性。

步步高：放羊上山——步步高（歇后语）

双喜：过年娶媳妇——双喜临门（歇后语）

福临门：五福临门（俗语）

小糊涂仙：但求欢喜，难得糊涂（谚语）

④ 梦想

小米品牌象征着雷总的梦想：用小米加步枪的精神，赢得与苹果手机、保时捷汽车的商战，实现中国梦。小米的理念是和用户做朋友，为用户提供高性价比、高品质的产品，帮朋友把高端产品的价格给打下来。

2011 年 11 月，与"俏十岁"品牌的创始人武总开始合作后，我们一直试图说服他更改品牌名，因为"俏十岁"听起来有些俗气。其间，我们提出了许多品牌名，还看了一些可以转让的化妆品商标。经过半个月的讨论，我们最终觉得俏十岁这个品牌还是很不错的，大俗即大雅，年轻十岁是所有女人的梦想。

2011 年 11 月 30 日的会议上，我们最终决定就用"俏十岁"作为主品牌。这一品牌名在化妆品行业内会非常显著，让人印象深刻。随后，我们与陈小军设计师共同着手于 logo 的创意构思。品牌符号采用欧式花纹环绕，草本植物代表植物精粹，嫩芽代表生命活力，开口向上的 C 代表呵护关爱。

我们当时考虑，尽管品牌名有些土，但我们必须尽可能地在包装设计上追求时尚和洋气，以改变消费者对品牌名的固有思维，最终达到"土到极致就是潮"的效果。这是我们十多年前做的案例了，按现在的标准来看，借势还不够彻底，应做一个俏十岁"梦想成真"系列产品。这样的"品牌名＋产品名"是不是更有吸引力？

品牌 logo

"俏十岁"活性肤高效亮白养颜抗衰蚕丝面膜

⑤ 诗词

我一个客户是做车载 GPS 导航仪的，品牌名叫"任我游"，隶属于上市公司合众思壮。合众思壮是国内领先的 GPS 厂家之一，在软件方面具有显著的优势。众所周知，GPS 导航的核心功能是为驾驶者提供准确的行驶定位和导航服务。有了 GPS 导航器的帮助，驾驶者可以更加轻松地在路上行驶。"任我游"这一品牌名精准地传达了品牌的价值主张。

"任我游"这三个字出自雁荡山的诗句：锦绣河山美如画，神州大地任我游。

你在百度搜索框输入"任我游是"，就会带出"任我游是大牌子？""任我游是大品牌吗？"等相关问题。说明消费者觉得"任我游"这个品牌名很熟悉，即使是第一次听到它，也会觉得它是一个大品牌。

借势品牌——杏花村酒

清明

（唐）杜牧

清明时节雨纷纷，路上行人欲断魂。

借问酒家何处有，牧童遥指杏花村。

杏花村是汾酒的代名词。杜牧的这首名诗提升了汾酒集团的品牌资产，成为当地的金字招牌。这就是借势文化的力量。

借势品牌——百度搜索引擎

青玉案·元夕

（南宋）辛弃疾

东风夜放花千树。更吹落、星如雨。宝马雕车香满路。凤箫声动，玉壶光转，一夜鱼龙舞。

蛾儿雪柳黄金缕。笑语盈盈暗香去。众里寻他千百度。蓦然回首，那人却在，灯火阑珊处。

遇到问题，百度一下，就能找到很多信息。让人们能够便捷地获取信息，是搜索引擎的使命，"众里寻他千百度。蓦然回首，那人却在，灯火阑珊处"似乎有这样的意思在里面。

总结

一个借势的品牌名，可以显著提升品牌的传播效率，从而提升企业的商业效率。

有些企业用借来的钱做宣传推广，我们认为相比之下，借钱不如去借势。借钱需要还，而借势不用还。借势的品牌自带流量，出道即巅峰，吸引各方关注，消费者购买之后还会在朋友圈、小红书和抖音等社交平台上进行分享。

有个朋友在浙江从事互联网运营行业十五年了。他的一个朋友拥有一家净水器制造工厂，该工厂为十几家知名品牌提供代工服务，并已获得 100 多项产品专利。2019 年，他们购买了一个名为"宜米"的 11 类商标，并开始在天猫、京东和小米有品等平台销售，但销量并未如预期般增长。我们认为，净水器市场的同质化问题相当严重，消费者更倾向于购买知名品牌的产品，因为知名品牌具有强大的品牌力，能够赋予相同产品更高的价值。尽管"宜米"这一品牌名称易于记忆，结合了宜家和小米的品牌元素，但它缺乏足够的品牌势能。相较之下，通过借鉴文化元素来打造一个具有品牌势能的新品牌，可能会更有效地提升品牌的传播效率和市场竞争力。

2. 品牌设计如何借势

品牌设计也要善于借势，利用品牌符号所代表的文化、含义、历史等，帮助消费者更快地了解品牌。现在是看脸的时代，高颜值的品牌设计会提升商业效率，提高品牌势能。

我们 80 后这一代人在小时候经历了物质稀缺的时代，对美学的追求可能没有现在的年轻人那么高。如今，我们生活在一个"颜值即正义"的时代，高颜值成了年轻人的一种社交货币。

为什么小米 SU7 一经上市就深受年轻人的喜爱？原因在于"颜值即正义"。小米将曾经百万级别汽车的颜值降至年轻人能够负担的价格，仅需 20 多万元即可拥有。

想与年轻人打成一片，颜值很重要。颜值越高，卖得越好，颜值是第一生产力。现在做品牌无论是年轻化，还是中高端化，品牌都必须兼具高品质和高颜值。审美是年轻人区分圈层的重要因素，知识、眼界与其他综合素养决定了审美的高度。

一个品牌的审美，决定了品牌的发展高度。一个品牌设计具有很高的审美，可以显著提升商业效率。

★ *提高产品颜值，就是提升商业效率。*

例 1：人民咖啡馆借势年轻人的主流文化

年轻人的文化和价值观在我们发现生意机会时至关重要。疫情后的 2023 年，人们原本期待的报复性消费并未如预期发生，年轻人反而更加谨慎地对待消费。中国的年轻一代变得更加成熟，他们不再盲目追求品牌，而是越来越注重产品的品质。他们期望商品既有好的品质，又能有优惠的价格。以往穿着运动服或篮球鞋时，必须是阿迪达斯、耐克这样的品牌。现如今，越来越多的年轻人青睐李宁、安踏、361 等国产品牌，这反映出中国消费者更加自信了，同时也展现了他们的爱国情怀。

目前年轻人的消费趋势表现出两极化的特点：在日常消费品方面，趋向于更加经济实惠的选择，即所谓的"消费降级"；然而，在情绪价值方面，却表现出愿意支付更高价格的"消费升级"现象。

以 2023 年暑假为例，尽管北京的气温将近 40 摄氏度，但青少年对于故宫、长城等知名景点的兴趣并未减少，各类研学旅行团的报名异常火爆。同样，清华大学、北京大学等著名高校的预约参观门票一票难求。此外，全国各地的明星演唱会门票销售强劲，尤其是前排座位的门票，价格被炒到了极高。不少年轻人愿意支付超过一个月工资的费用，专程乘飞机去其他城市观看演唱会。当询问为何愿意这样做时，他们表示这是为了实现儿时的梦想。在后疫情时代，年轻人对情绪价值的需求是增长的，珍惜当下、追求即时的快乐可能已成为新的消费趋势。

现在年轻人中的主流文化和价值观：

（1）消费更加理性，需要高品质、高性价比的产品。

（2）国内品牌走向中高端，年轻人纷纷支持国货。

（3）随着中国经济的崛起，年轻人对祖国的认同感和自豪感也越来越强烈。

（4）随着年轻人面临的压力日益增大，情绪价值的需求正在爆发式增长。

（5）现在年轻人越来越喜欢请财神。

（6）年轻人需要社交货币，需要高颜值的产品来分享。

　　人民咖啡馆一开业便迅速受到年轻人的追捧，究其原因，主要在于其独特的商业设计。人民咖啡馆的品牌口号"为人民服务"以及"红星"品牌符号巧妙地融合了红色文化，这不仅唤醒了年轻人的爱国情怀，也与他们的文化和价值观产生了共鸣。此外，财神奶咖借势"请财神"的中国传统文化，为年轻人提供了一些积极的心理暗示和信心。

　　2024年春节期间财神奶咖单品销售13000多杯，成为人民咖啡馆的爆款。人民咖啡馆成为年轻人拍照分享至朋友圈的热门地点，满足了年轻人的社交需求。总的来说，人民咖啡馆所创造的价值完美契合了年轻人的文化和价值观，这是其获得巨大成功的关键。

　　我们必须理解年轻人在压力环境下的需求。不要把产品看作单一的产品，也不要将行业视为孤立的行业。要想在红海市场中脱颖而出，必须打破常规思维，以"实现年轻人的文化和价值观"为战略核心。如果我们可以真正地理解年轻人，提供年轻人需要的情绪价值，就会在激烈的市场竞争中取得成功。

★**品牌借势年轻人的主流文化，就是提升商业效率。**

例2：CC CAKE 蛋糕借势奢侈品基因

2020年，CC CAKE 的创始人任总邀请刘高原战略咨询公司提供战略咨询。CC CAKE 致力于为客户提供高端的定制甜品和独具特色的生日蛋糕服务。产品主要使用纯动物奶油和新鲜水果作为食材，确保产品既美味又健康。CC CAKE 的产品和服务涵盖了企业茶歇、婚礼甜品台、伴手礼、员工福利以及节日特色礼盒。

CC CAKE 当时遇到一些问题：

（1）不知道品牌如何定位。当时淘宝店招牌是"西西蛋糕甜品店 CC CAKE"。

（2）无品牌化行为，没有品牌势能。产品兑现远远超过品牌兑现，做了很多精彩案例，别人却不知道我们是谁。

（3）面临渠道选择的问题，有企业客户也有个人客户。

（4）品牌如何与现有不同产品线进行关联，或者是拆分，以便获得更准确的认知。

蛋糕的发展历史：

蛋糕的历史可以追溯到古希腊时期，那时它们被制成圆形，并插上蜡烛以祭祀月亮女神；在夜晚，点燃的蜡烛特别像月亮的形态。直到中世纪，插着蜡烛的蛋糕才逐渐成为庆祝生日的重要食物。随着发酵技术的发展，蛋糕逐渐演变成我们今天熟悉的样子。到了 19 世纪末，人们开始使用更多的节日装饰和糖霜来装饰蛋糕，从而使蛋糕变得更为流行。

　　"生日快乐"这四个字，实际上是在 1910 年后才开始出现在蛋糕上的。《祝你生日快乐》歌曲出现后，伴随其易于传唱的旋律和歌词，过生日时吃生日蛋糕的习俗得到了认可，并在世界范围内广泛普及。

　　随着蛋糕制作工艺和原料的不断升级，蛋糕的款式也在不断更新，其装饰艺术价值日益凸显。加上蛋糕在特定节日庆典中扮演的独特角色，使其在更多场合中被用作庆祝的仪式感道具，被赋予了不同的寓意。需要庆祝的场合，有蛋糕就对了。

　　CC CAKE 品牌基于其业务积累，形成了一系列优质资产，包括明星案例、企业案例和会议案例。这些案例不仅展示了我们的实力，也自然而然揭示了一系列的生意机会，证明了此类别的供求关系是真实存在的。那么，在这里我们需要阐释我们所做的生意。

战略定位：

CC CAKE 开创新类别——高定蛋糕

　　蛋糕和面包在消费者心中属于相似的类别，而点心则更多地被认为是中式产品。因此，我们可以采用一个统一的品牌来贯穿我们现有的业务线。

　　定类差异化，才是真差异。我们要先"定类"再"定位"。"高定"这一概念，借用了高端奢侈品行业中对于定制系列所创造的概念，是一个具备高端认知的概念。它不仅能够准确反映出我们品牌的优势，还能够创造出产品类别之间的差异化。

Q1：您听说过"高定"这个概念吗？（单选题）

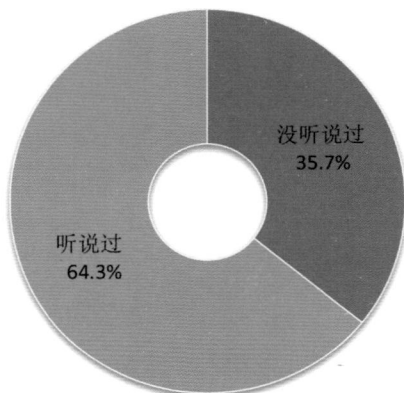

没听说过
35.7%

听说过
64.3%

N=101，2020 年 11 月通过拦截面访调查获得

64.3% 的消费者听说过"高定"这个概念。

Q2：听到"高定"这个概念，您认为是正面的还是负面的概念？（单选题）

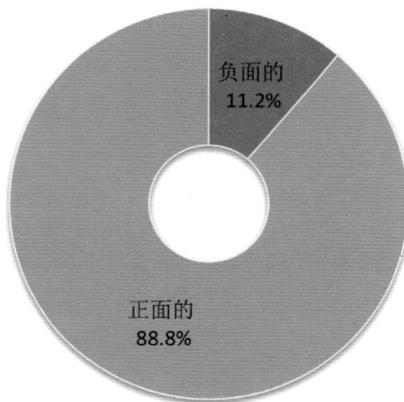

负面的
11.2%

正面的
88.8%

88.8% 的消费者认为高定是正面的概念。

Q3：您听到"高定"这个概念会有哪些联想？（开放题）

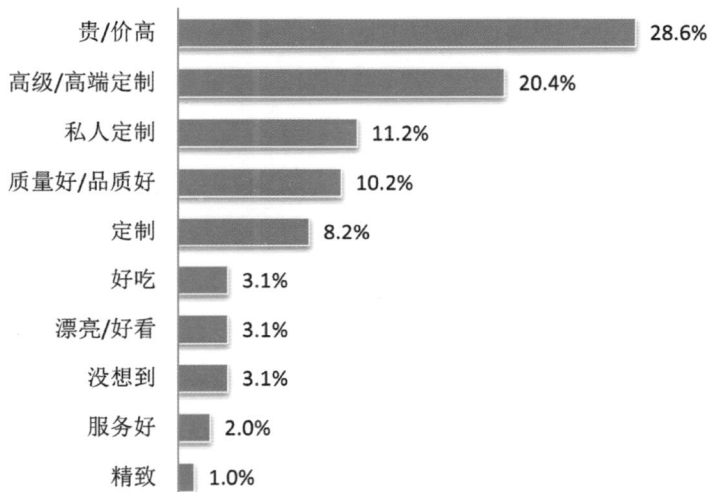

联想	比例
贵/价高	28.6%
高级/高端定制	20.4%
私人定制	11.2%
质量好/品质好	10.2%
定制	8.2%
好吃	3.1%
漂亮/好看	3.1%
没想到	3.1%
服务好	2.0%
精致	1.0%

消费者听到高定这个概念会联想到"贵／价高"比例较高，占 28.6%。

Q4：请您回忆一下，您通常通过什么渠道／方式订蛋糕？（开放题）

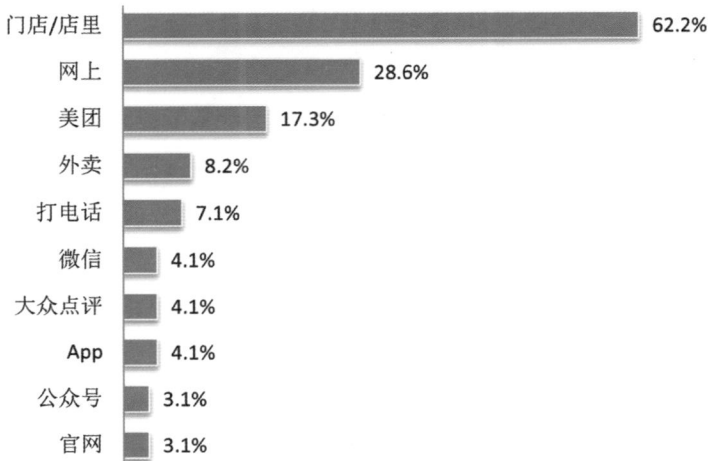

渠道	比例
门店/店里	62.2%
网上	28.6%
美团	17.3%
外卖	8.2%
打电话	7.1%
微信	4.1%
大众点评	4.1%
App	4.1%
公众号	3.1%
官网	3.1%

消费者通常通过"门店／店里"订蛋糕比例较高，占62.2%。

Q5：请您回忆下，您选择蛋糕品牌时，最关心的有哪些方面？（开放题）

选项	比例
质量/食品质量/奶油质量	31.6%
外观/造型/样式	20.4%
口感	15.3%
味道	14.3%
口味	13.3%
好不好吃	12.2%
品质	9.2%
用料/原料	7.1%
健康	7.1%
品牌	6.1%
价格	5.1%
成分	2.0%
甜度	2.0%

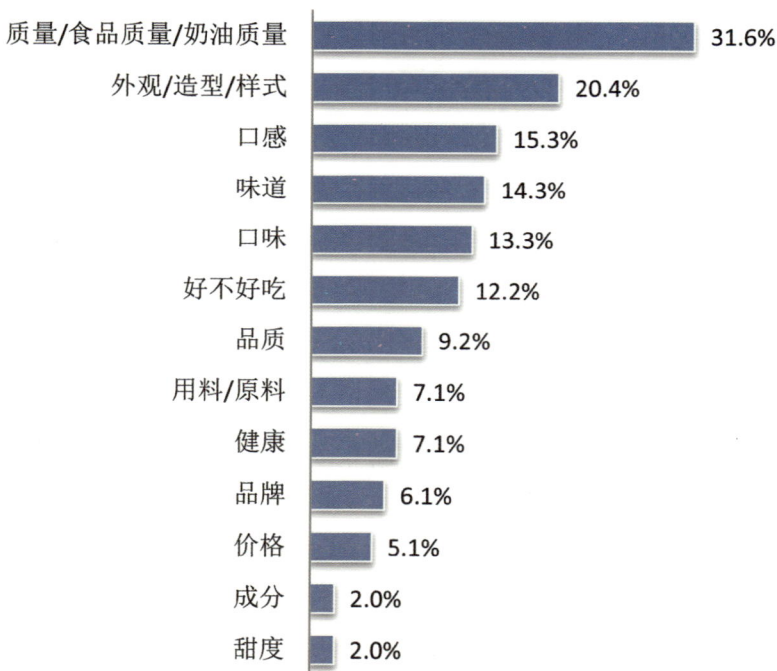

消费者选择蛋糕品牌时，最关心"质量／食品质量／奶油质量"比例较高，占 31.6%。"高定"有贵和正面的联想，消费者认为高定蛋糕的奶油也是高级的。

我们建议 CC CAKE 蛋糕实体店要借势奢侈品视觉基因。

奢侈品视觉基因共性：

（1）品牌 logo 精简化；

（2）品牌辅助图形精密化；

（3）品牌字体无衬线字体为主，字母大写；

（4）品牌视觉延续系统化，多元化；

（5）品牌 logo 色彩为单色（黑色为主），辅助图形为多色组合。

打造高级定制视觉化符号——

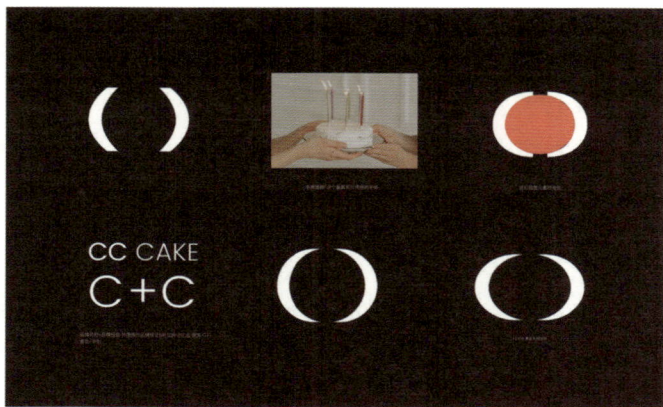

如果说生日派对中，许愿吹蜡烛这个环节是最幸福的瞬间，那么生日蛋糕的出现便标志着幸福的序幕。蛋糕什么时候最迷人？除了第一口品尝的美妙外，当然还有第一眼的惊艳之感。品尝满足的是味蕾，而初次相遇的美好才是一切情感的融合，它能直抵心田。选取"手捧蛋糕"这个最具有仪式感的手势，意味着将这份惊喜、甜美、专属定制的爱与幸福都在这一刻给予。

总结

定类：高定蛋糕；CC CAKE 高定蛋糕类别开创品牌。

核心广告语：100 位明星选择的高定蛋糕。

品牌符号：打造高级定制品牌符号" ◖ "。

品牌花纹：根据品牌符号设计奢侈品专属花纹。

★品牌借势奢侈品视觉基因，就是提升商业效率。

3. 创新型企业急需提升品牌力

我们始终强调，创业型企业如果想要营销破局，就必须打造出现象级产品。那么，什么是现象级产品呢？就是具备强大的品牌力、产品力和传播力的产品。

通过现象级产品，我们认识到提升商业效率的三个关键维度：

（1）品牌力

（2）产品力

（3）传播力

对于领先企业来说，它们在品牌力和产品力方面已经非常强大，主要的挑战是如何进一步提高传播效率。因此，寻求与广告公司、公关公司的合作，无疑是提升传播效率的理想选择。对于创业型企业来说，虽然具备一定的产品力，但由于缺乏强大的品牌力，其商业效率通常较低。这些缺乏品牌力的创业型企业在市场传播中常常面临效率低下的问题，难以获得广泛关注。

例1：臻天使床垫借势品牌理念设计

有一个朋友，名叫松糕，他是"修巢"床垫品牌的创始人，被誉为中国高端原生态手工天然定制床垫的开拓者。松糕拥有十年的床垫研究经验，是佛山一家专注于床垫开发近三十年的工厂股东之一。这家工厂致力于为家具企业、酒店、民宿及高端定制客户提供高品质床垫。在老家温州的家具市场，松糕开设了一家名为"修巢"的品牌床垫专卖店。虽然店铺的销售业绩在当地市场表现良好，赚取了一定的利润，但并未达到预期的高额收入。随着消费者越来越倾向于在网上购买床垫，实体店的客流量逐渐减少。面对这一挑战，松糕决定探索新的盈利模式，并邀请我们为"修巢"床垫制定一套营销战略。

我们从"品牌力""产品力"和"传播力"三个关键维度来分析这个生意：

（1）修巢品牌缺乏品牌力，这是一种"无品牌化行为"。这种现象在创业型企业和代工厂中相当普遍，许多企业主认为注册一个商标并贴上去就等同于建立了一个品牌。然而，如果没有积累品牌资产的策略和方法，这种做法实际上属于"无品牌化行为"。

（2）品牌没有定类，创业型企业应该采取战略性目标市场选择策略。这种策略不是试图用一种产品吸引有多种需求的广大客户，而是特意忽视一些客户，以便更好地服务其他客户，提供能满足他们特定需求的产品。与之相对的是，大型企业通常采取战术性目标市场选择策略，它不排除任何潜在客户，而是努力通过有效方法触达这些客户。

（3）修巢床垫的品牌定位太宽泛了，从 1000 元出头的普通弹簧床垫到将近 2 万元的高端奢华手工床垫都有。

（4）修巢床垫得益于其在佛山有三十年制造经验的工厂，产品力还是不错的。尤其是在手工床垫方面，一直致力于技术积累，使得售价一万多元的修巢品牌床垫在品质上可以媲美甚至某些性能超越售价几十万元的奢侈品床垫。

手工床垫（手工拉扣床垫）采用传统的纯手工工艺，用长针穿过整个床垫，将各个舒适层固定住。与之相比，普通床垫的舒适层多是通过胶水粘合，而随着时间推移，胶水可能老化变硬，这会影响床垫的舒适性。手工床垫提供既柔软又有紧致弹性的睡眠体验，由于不使用胶水更显环保。因此，那些价值几十万元的高端奢华床垫都选用手工拉扣工艺制作。

（5）传播方面，松糕创建了两个小红书账号，吸引了 2000 多名粉丝，并获得了一些客户订单。

许多创业型企业面临一个共同的挑战：他们拥有优质的产品，却不知道如何进行有效的营销。从营销战略的角度可以有一些思路：

（1）修巢品牌定位在普通床垫，另外创建一个中高端品牌，专注于手工床垫。对于修巢而言，1000—2000 元的普通弹簧床垫并无优势，其优势主要体现在 5000 元以上的高端床垫。因此，将优势产品单独打造成一个中高端品牌是更好的策略。

（2）修巢以前卖货靠的是松糕的个人能力，以老板亲自卖货的人设来吸引顾客。尽管松糕的销售能力很强，但一个人能力再强，销售业绩也是有上限的。因此，我们要补上品牌的短板，提高品牌力，通过品牌来建立一个平台，让更多的人能够借此平台实现盈利。

（3）鼓励用户在小红书、抖音等自媒体分享床垫使用感受。

（4）床垫这一类别的供求关系有两条线：舒适和身份。对于创业型企业来说，还没有能力打造奢侈品品牌，所以我们要抓住"舒适"这条线。

（5）床垫舒适的画面让我想到宝宝甜甜地睡去的可爱模样，恰似传说中的"天使宝宝"。因此，品牌名定为"臻天使"。

臻天使® 手工床垫
○胶水 ○化工海绵 ○芳香胺

天使般的睡眠

XIUCHAO 修巢® 荣誉出品

（6）手工床垫为您提供极度舒适的包裹感，那种高端的睡感只有亲自体验才能真正感知。为了让消费者亲身体验臻天使手工床垫的舒适度，我们在温州开设了首家手工床垫试睡中心。

总结

品牌名：臻天使。

定类：手工床垫。

品牌定位：国货之光。

卖点：0 胶水 0 化工海绵 0 芳香胺。

核心广告语：天使般的睡眠。

短视频广告语：谁不是个宝宝，我们都有天使般的睡眠。

网络热梗：做自己，我就是臻天使。

品牌符号：臻天使形象。

臻天使手工床垫在 2024 年 4 月正式上市销售。

在国内手工床垫行业，许多同行品牌常以"奢侈品平替"作为其主要卖点。然而，随着国货品牌的崛起，年轻消费者已经逐渐倾向于选择中高端的国货品牌。国货应更加自信，努力打造出卓越的产品。例如，人民咖啡馆没有宣称自己是星巴克平替；华为没有宣称自己是苹果平替；同样，李宁、安踏、特步、361、匹克和鸿星尔克也没有宣称自己是耐克平替。事实上，国货品牌与国际大牌已不再是平替关系，国内年轻人选择国货品牌，不只是因为价格优势，更因为国货之光在品质上已超越了许多国际大牌。

通过巧妙运用品牌设计进行借势营销，能够显著提高品牌的传播效率，这一策略对于已具有一定知名度的品牌尤为有效。

例2：维常健品牌借势产品核心卖点

有一个从事营养行业十多年的朋友，他是一个充满热情的技术专家。几年前，出于对家人健康的关心，他创立了"维常健"品牌，专注于营养膳食食品。他从选择原料和辅料开始，严格筛选和控制，坚持"配料从简"的原则，在保证产品核心功能的同时，力求原料纯正、减少甚至不添加任何多余配料。他宁可牺牲口感和利润，也要确保食品的安全与可靠。

根据这些特点，我们为他设计了一个卖点："配料表很干净"。同时，我们也创造了一句广告语："化繁为简，以少胜多，守护家人健康。"维常健的Logo是一朵莲花，含义是"出淤泥而不染，濯清涟而不妖"，宣传爱的理念，爱自己，爱家人，爱健康，爱生活。为了更好地借势，可以设计一个IP形象搭配使用，一位拥抱年轻人的大白熊博士，象征着呵护与关爱。

4. 注册商标的注意事项有哪些

我们拥有超过十年的商标注册经验，帮助客户成功注册了众多商标。在此，分享一些实用的商标注册知识。

（1）注册商标的主体可以是公司，也可以是个人。个人名下注册商标的前提是，该个人必须持有个体户营业执照。

（2）建议将图形和文字商标分别进行注册。这样做有助于避免因图形商标相似而导致整个商标申请被驳回。分开注册后，使用起来也更加灵活，既可单独使用，也可组合使用。

（3）对于那些存在大量相似图形的商标，可以尝试注册彩色版本，这可能会提高注册成功的概率。

（4）大多数带有含义的两个字商标都已被注册，两个常见字组合的商标也几乎都被注册了。如果你仍然希望注册两个字商标，可能只能选择一个不常见的字。当然，还有其他解决办法，比如购买近似商标，或者对近似商标进行撤三申请。

（5）目前，从注册到拿到商标注册证书的最快周期大约为十个月。如果遇到商标注册被驳回而需要进行驳回复审，或有人提出异议而需要进行异议答辩，整个过程可能需要再延长一到两年。因此，我建议大家尽早注册商标。

（6）不建议选择价格过低的商标代理公司。推荐选择拥有五年以上商标注册经验的代理人。因为，正确判断商标是否可注册需要丰富的经验，经验不足五年的代理人难以做出准确判断。

（7）通常，商标注册不允许包含地名，例如"望京某某"

这类含有地名的商标是不被允许注册的。县级及以上行政区划内的地名或广为人知的外国地名，不能用作商标。然而，如果地名具有其他含义，或用作集体商标、证明商标的一部分，则可以例外。

（8）需要特别注意，烈士的名字不能用于注册商标。如果您希望注册的商标包含人名，请务必在中华英烈网查询，以确认是否有与烈士同名的情况。

（9）获得商标注册证书并不意味着可以高枕无忧了，持续保留使用证据是后期必须做的工作。依据《中华人民共和国商标法》第四十九条和《中华人民共和国商标法实施条例》第六十六条的规定，如果注册商标在没有正当理由的情况下连续三年未被使用，任何单位或个人都有权提出撤销该注册商标的申请。

商标使用的证据可以具体表现为

① 商标印在商品、商品包装、容器、标签、标牌、产品说明书、介绍手册、价目表等上；商标用在服务场所的招牌、店内装饰、员工服装、宣传海报、菜单、价目表、奖券、办公文具、信纸、服务介绍手册等。

② 商标用在商品销售合同、发票、收据、商品进出口检验检疫证明、报关单据等上；商标用在服务协议、维修维护证明、发票、汇款单据等。

③ 商标使用在广播、电视等媒体上，或在公开发行的出版物中发布，以及为商标或者使用商标的商品进行的广告宣传。

④ 商标在展览会、博览会上使用，包括在展览会、博览会上

提供的使用该商标的印刷品以及其他资料。

　　⑤ 其他符合法律规定的商标使用形式。

　　（10）有些品牌名虽然非常优秀且符合借势营销的标准，同时也不存在同名的商标，但仍可能遭遇注册难题。在这种情况下，我们需要进行深入的战略分析。如果该品牌名对销售促进有显著贡献，即便面临注册被拒的风险，也应考虑尝试注册。即使在注册过程中被驳回，这也意味着其他竞争者同样无法注册此商标。

　　此时，应加大广告宣传力度，并妥善保留所有广告宣传活动的证据。若在未来几年内品牌知名度大幅度提升，便有机会成功注册该商标。届时，可以提交品牌知名度证明及商标使用的相关证据，通过复审程序获得商标注册。

　　需要注意的是，如果驳回的理由是使用了地名、烈士名等不允许注册的情况，则此策略可能不适用。

03

第三部分　案例

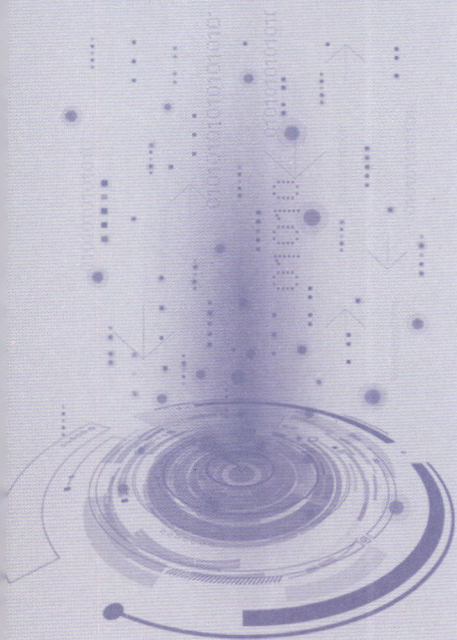

一、呼和浩特宽巷子改造升级大变身

淄博烧烤火了之后，很多城市都想打造美食旅游地标。2023年3月，刘高原团队承接了内蒙古呼和浩特宽巷子街区的战略规划和商业设计。

1. 宽窄巷子区块诊断

在区域实际走访过程中，我们将该区域分为两个区块看待，分为"外区块"和"内区块"。

（1）内区块的特色没有在外区块呈现，外区块没有显性文化区隔。

外区块的功能如何显性表达内区块的文化特色，是我们规划改造要解决的核心问题。只有外区块特色凸显出来，才能让宽巷子区块凸显出来。

（2）双广场无文化主题特色。

区块化的显著性区域之一就是广场置景，只有区域能够形成特色置景，才能让人们一下子进入到这个区块的氛围里。

（3）街边装置无文化特色。

宽巷子＋大清真寺组成的回族文化区块，需要通过显性的街边装置，将区块进行区隔，从而形成整体的区块规划设想。

（4）内区块缺少对人车动线的规划。

人流车动线不清晰，固定停车位车辆遮挡门店特色展示。

（5）不具备逛的特色吸引。

能够吸引人群进去逛的街区，一定具有逛的特色吸引，让人们能够有逛和来的欲望。

（6）店铺特色展示较弱。

经营者的门店缺乏文化的展示，这对街区的打造是不利的。

总的来说，内区块文化特色没有呈现，外区块没有显性文化区隔。停车不方便，逛起来也不方便，整体缺乏文化和氛围。这些都不利于客户完成"逛吃文化美食街"的任务。

2. 宽窄巷子改造战略规划

宽巷子改造项目，从本质上是一个保留＋还原＋凸显＋附加的系列动作，我们要考虑的是：

如何在保留中做还原凸显，如何在附加中进行保留。

（1）两个重要的指导思想：

通过本地文化做特色；依据地域美食引流量。

（2）我们的任务：

建立呼市宽巷子文化美食旅游地标。

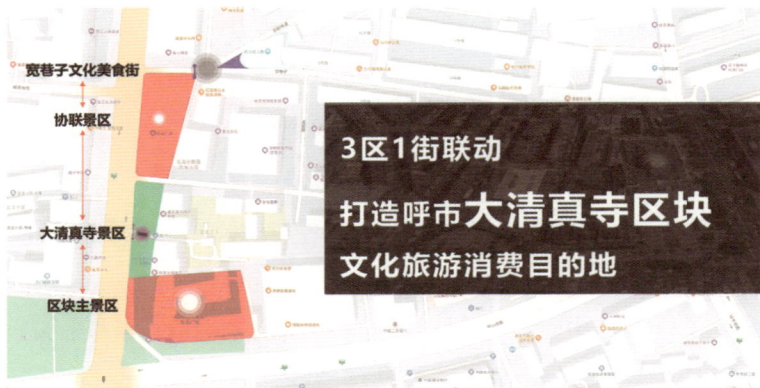

区块内功能结构布局

设计概念风格和效果

　　文化特色需要突出的是：商业贡献＋艺术特色。同时要将其打造成：具有品牌效应的旅游目的地，这块也是帮助游客完成任务。

以宽巷子项目为牵引，可以引出青城"区块化"旅游目的地战略规划的系统性合力，激活呼市旅游新活力。

宽巷子原来全长 400 余米的街道停车非常困难。两口子来吃饭，可能一方都吃完了，另一方还没找到车位。

所以在这里我们规划了一个新的思路：

（1）取消店铺门前店主个人长期停车的位置，拓展出店面 + 人行的区域。

（2）马路中间做出行车道和暂停道，分别用以行车和采买、吃饭。

（3）利用价格杠杆，前三十分钟免费，后面一个小时 6 元。鼓励大家把车停在附近道路的停车场。

这样腾出人行的区域，把宽巷子做成方便人们逛吃的街道。

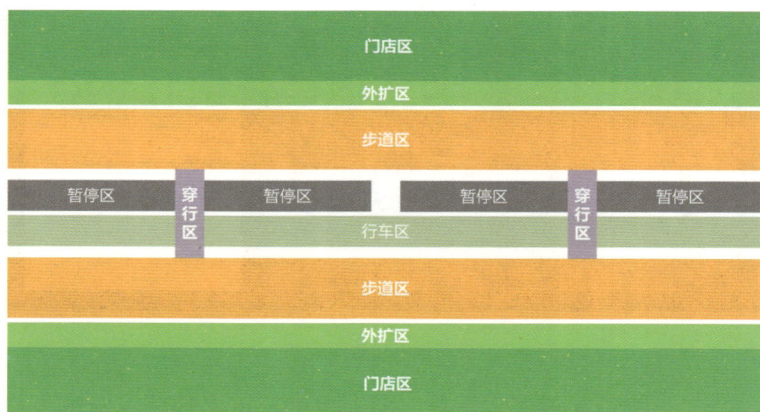

区域规划图

　　"宽"艺术变体成为宽巷子核心识别特色，周边无限延伸，如门楼、艺术装置、街灯、海报、吊牌、气球等。将呼市宽巷子旅游区域品牌化，成为一个范例，符号可成为呼市区块旅游名片。

　　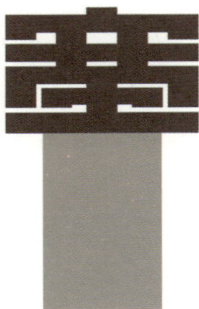

灯杆底座　　　　　　　　石墩装置　　　　　　　打卡雕塑

"宽"字艺术变体应用场景

百年美食街入口

门外雕塑

宽巷子主街

宽巷子主街

街道内部

以前只有店铺的门头灯箱，现在把更多灯箱设计在二三层，增加美食街的氛围感。

街道内部

烧烤街区主题墙

俯瞰效果

烧烤街区改造为纯步行街

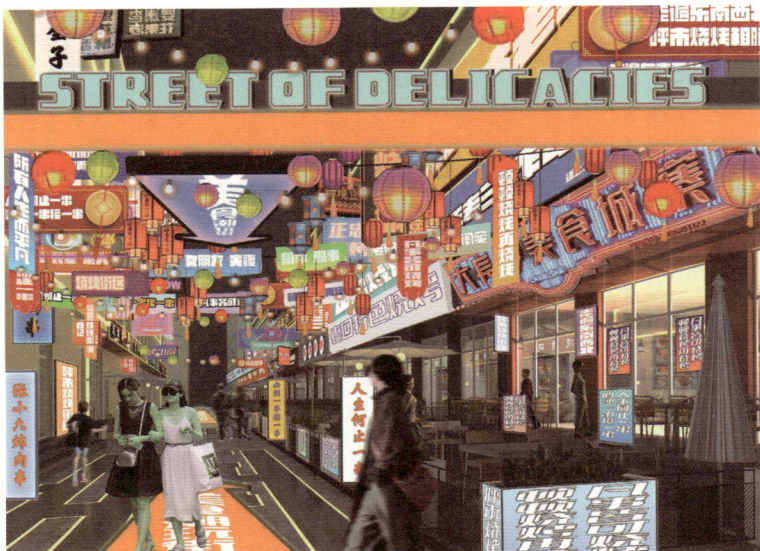

灯箱改造

　　2023 年 8 月 13 日晚，焕然一新的宽巷子美食街正式开街。众多慕名而来的游客和市民涌入美食街，不少美食摊位前排起了长龙。此次升级后的宽巷子突出中国风主题，展示呼和浩特市旧城的美食文化，挖掘流传百年的"老字号"小吃，并建立了特色美食小吃非遗孵化基地。

　　从完成"待办任务"的角度来看，我们打造了一个绝佳的旅游地标。晚上来到宽巷子用餐，这里的氛围能帮助你缓解一整天的疲惫，让你的心灵得以舒展，重新感受生活的美好。这也是许多人旅游的目的。

二、呼和浩特辣员外重庆火锅战略升级

2019 年 12 月 26 日，呼和浩特首家海底捞在振华广场九楼开业。在火锅行业有这么一种说法："海底捞来了，就像狼来了，到哪儿就抢哪儿的生意。"2020 年 7 月，刘高原团队受邀承接内蒙古呼和浩特辣员外重庆火锅的战略咨询。

我们先研究重庆火锅类别与消费者之间的供求关系。

据文字记载，历史上最早的火锅是涮兔肉，即"拨霞供"。南宋《山家清供》中记载："向游武夷六曲，访止止师。遇雪天，得一兔，无庖人可制。师云：'山间只用薄枇、酒、酱、椒料沃之，以风炉安座上，用水少半铫，候汤响，一杯后，各分以箸。令自夹入汤摆熟，啖之，乃随宜，各以汁供。'因用其法，不独易行，且有团圆热暖之乐。"

作者讲述了他游览武夷山六曲的经历。他去拜访了一位名叫止止师的人。正巧赶上大雪天，他偶然猎到了一只野兔，可惜没有厨师来烹饪。于是止止师介绍了一种简单易行的烹饪方法："山里人通常的吃法是把兔肉切成薄片，用酒、酱、花椒腌制，把风炉放在桌上，倒入半锅水。等水烧开后，每个人拿一双筷子，把兔肉夹入沸水中来回摆动，涮熟后蘸酱食用。"这种吃法不仅方便省事，还特别温馨，非常适合严冬酷寒的天气。

火锅在中国广泛流行始于清朝。据《清代档案史料丛编》记载，乾隆四十八年正月初十，乾隆皇帝举办了 530 桌宫廷火锅宴，其盛况堪称当时中国火锅之最。1796 年，清嘉庆皇帝登基时，曾设千叟宴，所用火锅达 1550 个。同时，在清宫御膳档案中，野味火锅、生肉火锅、羊肉火锅、菊花火锅等种类经常出现。

重庆火锅，又称毛肚火锅或麻辣火锅，最早出现于清朝道光年间。那时，重庆的筵席上才开始有了火锅。四川作家李颉人在创办的杂志《风土什志》中提到，四川火锅发源于重庆江边的码头。文章写道："吃水牛毛肚的火锅发源于重庆对岸的江北。最初，一般是挑担子的零卖小贩将水牛内脏买来，洗净煮熟后，将肝、肚等切成小块，在担子头上置一具泥炉，炉上放一只分格的大铁盆，盆内煮着一种又辣又麻又咸的卤汁。小贩们一格一格地售卖煮好的牛杂，有点像关东煮。河边桥头卖劳力的工人围着担子享用，各人认定一格，既烫又吃。吃若干块，算若干钱，既经济，又能增加热量。"

直到 1934 年，重庆城内才有一家小饭店将它高档化了，从担头移到了桌上，泥炉依然保留，只是将分格铁盆换成了赤铜小锅，蘸料也改为由食客自行调配。

抗日战争时期，重庆成为陪都，这也无形中带动了一场美食交流。许多随政府迁移的高官和教授名人第一次品尝到重庆火锅后，大多被其征服。

　　女作家丁玲第一次吃火锅是在四川。她被郭沫若邀请前往，一吃倾心，回去后便四处宣传火锅的美味。郭沫若也为火锅作了一首流传甚广的打油诗："街头小巷子，开个么店子。一张方桌子，中间挖洞子。洞里生炉子，炉上摆锅子。锅里熬汤子，食客动筷子。或烫肉片子，或烫菜叶子。吃上一肚子，香你一辈子。"

　　由于这些名人的推广，重庆火锅的影响力大幅提升，开始与老北京火锅分庭抗礼。重庆火锅的全国性普及，早在民国时期就已开始，远早于大多数人认为的海底捞的现代推广。

1.　重庆火锅满足用户什么需求

（1）好吃到上瘾

　　辣椒对于川菜来说不可或缺，但实际上辣椒传入中国的时间并不长，至今也不过三百多年的历史。然而，四川人喜吃辣的习俗已经延续了上千年，可以追溯到先秦时期。晋代《华阳国志》一书便对蜀人的饮食习俗有所记载，描述为"尚滋味"，"好辛香"。

　　重庆火锅具有味型优势。重庆火锅的锅底以牛油为主，将熬制了数小时的大骨汤与牛油融合，再加入花椒、辣椒等多种调料。毛肚、鸭肠、黄喉等各类食材在屠宰场加工后直接送达火锅店，确保食材的新鲜。重庆火锅口感醇厚，麻辣鲜香，热气腾腾，令人回味无穷。

　　辣＋麻的味型，超越了一般味觉感知，直接通过感觉系统（痛觉神经）作用人体，促进内啡肽的分泌，从而产生愉悦感，这也是人们吃辣上瘾的原因。

（2）吃辣排湿气

清道光年间，"西南巨儒"郑珍在与莫友芝合编的《遵义府志》中，对这句话做了注解。他说蜀地地处西南，气候潮湿、物产丰饶，因此蜀人吃饭就颇为讲究，不仅要追求新鲜营养，还要有好的味道，而这个"好味"指的就是偏辛辣味的菜肴。

由于重庆地处盆地，夏季气温高且空气潮湿，人体在高温环境中大量出汗，导致水分和盐分的丢失，从而引起胃酸分泌减少、唾液减少和食欲不振等问题。多吃火锅可以有效缓解这些问题。重庆火锅中的麻辣成分能驱寒补气，祛湿保健。

（3）聚友众乐

重庆人爱热闹，围坐在一起筷子七上八下，有说有笑。重庆人的性格豪爽耿直，喜欢热闹。所以，火锅店的那种人声鼎沸，热热闹闹的环境是重庆人的最爱。边吃边聊，喝酒划拳，不醉不归，这些都是重庆火锅店里常有的烟火气息。

从提升幸福感来说，吃重庆火锅能够帮助年轻人释放压力、宣泄情绪，其本质在于让年轻人感到更快乐。可以说，重庆人民的幸福有一半是火锅给的。重庆火锅可谓年轻人摆脱焦虑的多巴胺火锅！

Q1：一般您会在哪些时间选择吃火锅？（多选题）

节假日晚餐	66.0%
节假日午餐	29.1%
工作日晚餐	24.1%
节假日夜宵	14.3%
工作日午餐	8.9%
工作日夜宵	8.4%
其他	7.9%

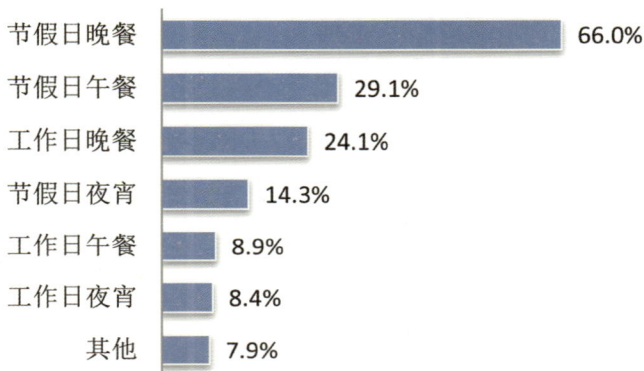

消费者一般在"节假日晚餐"选择吃火锅比例较高，占66%。

Q2：您会跟谁一起吃？（多选题）

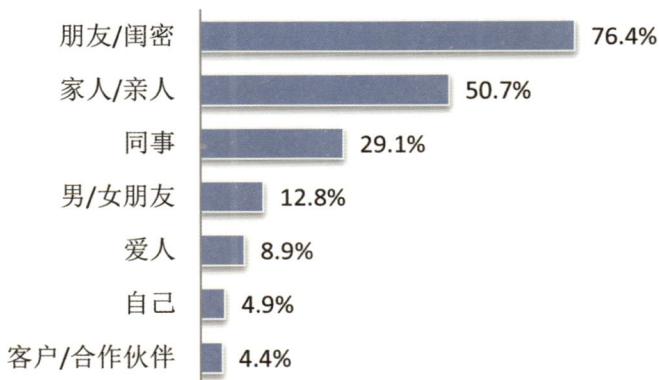

朋友/闺密	76.4%
家人/亲人	50.7%
同事	29.1%
男/女朋友	12.8%
爱人	8.9%
自己	4.9%
客户/合作伙伴	4.4%

消费者和"朋友／闺密"一起吃火锅比例较高，占76.4%。

Q3：您认为什么涮品能够代表正宗的重庆／四川火锅？（开放题）

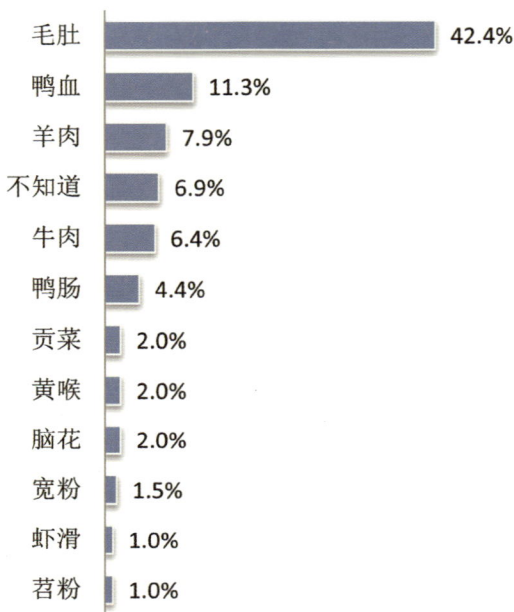

涮品	比例
毛肚	42.4%
鸭血	11.3%
羊肉	7.9%
不知道	6.9%
牛肉	6.4%
鸭肠	4.4%
贡菜	2.0%
黄喉	2.0%
脑花	2.0%
宽粉	1.5%
虾滑	1.0%
茗粉	1.0%

消费者认为能代表正宗的重庆／四川火锅的涮品中"毛肚"比例最高，占 42.4%。

价格敏感度测试（PSM）-呼市

目标市场价格测试显示：
可接受价格范围（P1-P3）：71-116元
最优价格点（P2）：82元

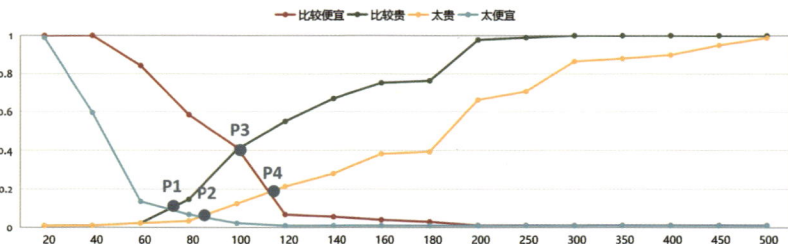

N=102，2020 年 8 月通过对呼市随机消费者拦截访谈获得

2. 辣员外火锅与消费者的供需关系

呼市的辣员外火锅以其菜品和装修环境而言，堪称是重庆火锅的正宗代表。然而，存在一个问题，即传统的重庆火锅并不能满足全国市场的需求。各地区对重庆火锅的口味有不同的偏好。在重庆，本地人喜欢吃正宗的老火锅，辣度必须足够，味道必须美味，环境则以复古、市井和江湖气息为佳。

呼市的年轻人想要在吃重庆火锅时享受更好的环境，因此我们店面的风格设计需要更加年轻时尚，以满足需求。对于重庆人来说，火锅的味道是最重要的，环境排在其次，只要味道好，就算环境再差也有人排队去吃。而在川渝地区以外，年轻人吃川派火锅时，环境和快乐则排在第一位，味道次之。海底捞刚开始走红的那些年，我接待了好几位四川的餐饮老板来北京品尝海底捞，但他们都向我抱怨海底捞的味道不够好。如今在成都开设的海底捞，用餐的大多是外地人或游客，相比之下，四川本地人光顾得则相对较少。

海底捞的火锅既不同于传统的重庆火锅，也不同于成都火锅，而是针对全国市场推出的创新型川派火锅。海底捞火锅做的是全国味型，使得这种火锅适合除川渝本地人以外的广大食客。许多人难以适应川派火锅的重麻重辣，但年轻人希望通过吃火锅获得快乐。海底捞不仅利用辣椒刺激多巴胺分泌，还通过多种服务提升顾客的幸福感。海底捞提供美甲、川剧变脸、舞蹈表演、生日庆祝等多样服务，让顾客在用餐时体验到更多的快乐和幸福。海底捞的创新深受年轻人喜爱，是他们非常需要的"多巴胺火锅"。

海底捞在火锅类别的占有率排名第一，达到了 2.2%。由此可见，火锅类别是一个高度分散的领域。因此，辣员外的生意机会在于打造一个与海底捞截然不同的重庆火锅，提供海底捞无法提供的价值。

辣员外重庆火锅营销战略方案的几个重点：

（1）味道好

吃过辣员外的朋友，很多都称赞辣员外重庆火锅味道好。火锅要好吃，关键看汤底。将辣员外重庆火锅品牌与牛油骨汤特质进行强关联，在消费者心智中建立特别关联。在类别特质中建立三大优势：产品优势；认知优势；品牌优势。

门店用牛大骨现熬的牛油骨汤是辣员外重庆火锅建立优势和特色的核心。辣员外专注研究牛油骨汤汤底 100 年不许变。现熬的牛油骨汤汤底，不添加食用香精，不添加防腐剂，更加健康，这是火锅味道好吃的关键。许多客户反馈，辣员外的牛油骨原汤作为蘸料会非常美味，就一个字——"鲜"。

海底捞用的火锅底料是预包装食品，保质期 12 个月。辣员外重庆火锅的优势在于现熬的牛油骨汤，味道更加鲜美。购物中心内的许多连锁餐饮店由于租金昂贵，大多使用预制菜品，因为后厨面积有限，需要更多空间用于堂食区域。

（2）品牌符号

一个好的品牌名具有三个特点：心智资源、容易识别、便于传播，辣员外品牌名符合这三点。辣员外占川派火锅的核心资源"辣"字，员外也是熟悉的称呼词，是很好的品牌名。

一个好的品牌符号具有三个特点：品牌特征、便于传播、专有属性。我们设计品牌符号的主要作用是提高品牌的传播效率，让客户看到品牌符号就会直接与品牌进行链接。

在重庆火锅类别中，最为重要的一个特质是：辣。

看着辣，闻着辣，吃着辣。

如何把辣字做成属于我们自己专有的品牌符号呢？

汉字"辣"在《汉字源流》中的解释

形声字。辛表意，表示辛辣味；剌（la）省声，剌有"刺割"义，表示辣有强烈的刺激性。本义是辛味。

① 姜、蒜、辣椒等有刺激性的味道：辣椒 | 辣酱 | 酸甜苦辣

② 受辣味刺激。辣舌头 | 辣得直冒汗

辛 + 束 + 辛 = 双辛更辣更好吃

川菜里的"辣"味其实是指的一种复合辣味，讲究的是诸味融合、互相衬托。

品牌字体的设计原则：① 易识别； ② 大牌相；③ 新中式。

我们可以借鉴中式飞檐。

中式飞檐

品牌 logo

商标图片		商品/服务列表	4301—— 咖啡馆 4301—— 饭店食宿服务 4301—— 餐馆 4301—— 旅馆预订 4301—— 酒吧服务 4301—— 流动饮食供应 4301—— 茶馆 4301—— 酒店住宿服务 4302—— 提供野营场地设施 4306—— 出租椅子、桌子、桌布和玻璃器皿

📣具体核准商品/服务以商标公告为准，点击查看！

初审公告期号：	1815 📣	注册公告期号：	1827 📣
初审公告日期：	2022年11月13日	注册公告日期：	2023年02月14日
专用权期限：	2023年02月14日至2033年02月13日	是否共有商标：	否

注册商标

2023 年 2 月 14 日，"辣员外"的品牌标识已经成功注册为第 43 类餐饮服务商标。品牌标识必须具有独特性，通过注册商标，可以使其成为品牌的专有资产。

（3）品牌核心卖点

牛油骨汤，麻辣鲜香。

卖点强调牛油骨汤，同时引发味型联想。

同时用行为指引强调牛油骨汤的认知和作用。

为什么现熬牛油骨汤这么厉害？

因为火锅要好吃，关键看的是汤底。

通过品牌营销，持续强调现熬牛油骨汤是辣员外的核心优势。

"付出努力"和"坚持时间"，通过这两个方面突出我们在牛油骨汤上的优势。

专注研究牛油骨汤汤底 100 年不许变。

品牌口号

海报

（4）餐厨创意

如今，年轻人喜欢在用餐之前先拍照，然后在朋友圈和自媒体上分享。因此，我们应该将锅具和餐具设计得更加具有仪式感，这样可以帮助喜欢分享的年轻人完成用餐前的拍照任务。

筷套

湿纸巾

桌牌

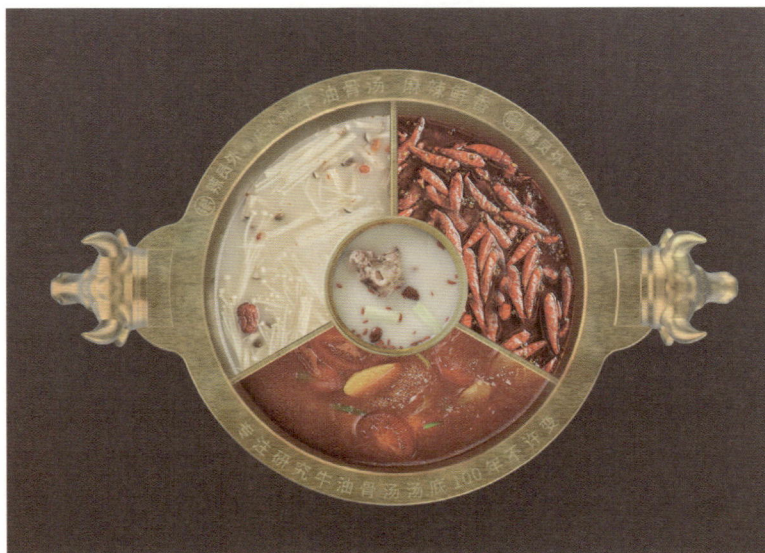

三味锅

鸳鸯锅

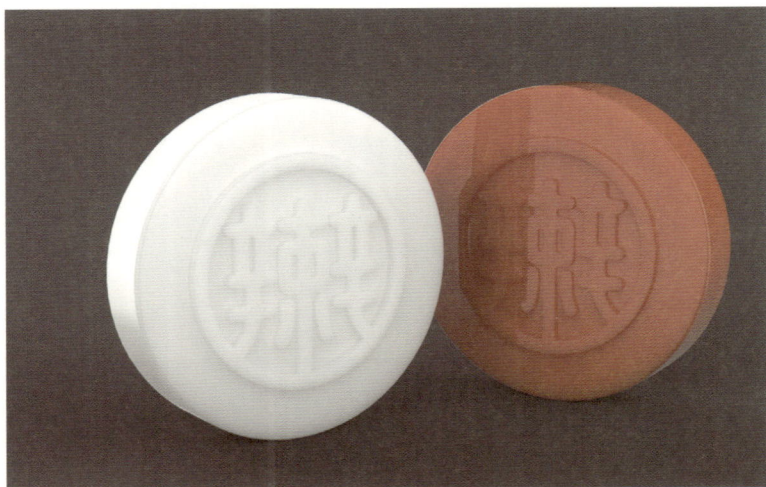

两种牛油味型

通过三个流程指引，建立牛油骨汤上的优质认知。

喝骨汤
❚ 骨汤无限续杯
暖暖您的小心脏

啃牛骨
❚ 每位一块儿
尝尝原味鲜肉

吃火锅
❚ 火锅越吃味越纯
感情越久心越真

吃火锅流程

爆品打造有 4 个基本标准：

① 形象有噱头；

② 内容有说法；

③ 拍照要好看；

④ 招待有面子。

整只羊拼盘

一道菜
吃到一整只羊

*备注：4个部位，共计1200克

整头牛拼盘

一道菜
吃到一整头牛

*备注：4个部位，共计1200克

品牌特色

（5）商业空间设计

从幸福感的角度来看，重庆人吃重庆火锅是为了满足口腹之欲；呼和浩特的年轻人吃重庆火锅是为了放松和享受。因此，辣员外的环境设计必须让年轻人感受到高端大气，能为他们提供一个优质的用餐环境。

重庆三面环水，一面傍山，依山建城，别称山城。高低错落的民居，遍地的吊脚楼，无辣不欢的饮食习惯，孕育了重庆的特色文化。

店面外观

我们要把重庆的文化符号在空间里、产品上有所呈现。

文化符号有：水（船）、山城、辣（红色）。

设计应当体现年轻时尚、中式风格，并成为人们打卡的地标之一。

大门山水风格

大厅

室内环境

小包间

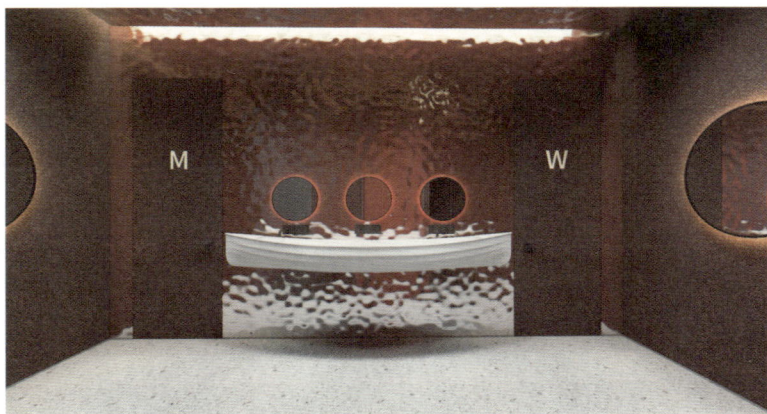

卫生间

三、胡椒记烤肉品牌战略升级

1. 烤肉的核心卖点是什么

2021 年，由于辣员外的老板对刘高原团队提供的战略咨询表示高度满意，因此决定将公司旗下的胡椒记烤肉品牌的战略咨询工作也委托给该团队。

Q1：您认为胡椒记更符合以下哪种类型的烤肉？（单选题）

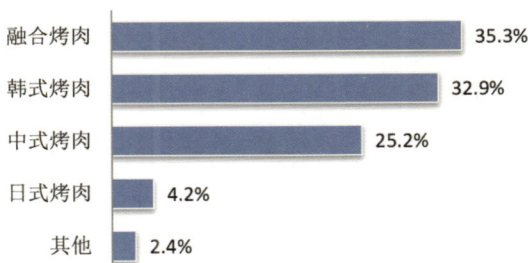

类型	百分比
融合烤肉	35.3%
韩式烤肉	32.9%
中式烤肉	25.2%
日式烤肉	4.2%
其他	2.4%

有提示情况下，消费者认为胡椒记更符合"融合烤肉"比例较高，占35.3%。

Q2：您认为胡椒记属于什么类型的烤肉？（开放题）

类型	比例
不知道	29.8%
韩式	17.3%
普通烤肉	8.3%
中式烤肉	7.1%
融合烤肉	4.8%
中高端	4.8%
时尚/新颖	3.6%
大众	1.8%
自助/半自助	1.8%
综合型	1.2%

无提示情况下，消费者认为胡椒记属于什么类型的烤肉中"不知道"比例较高，占29.8%。

经过市场调研，我们发现胡椒记烤肉存在以下问题：

（1）品牌和产品定位模糊，仅在类型上有所体现，但未能在大类中建立明显的优势和特色。

（2）消费者难以区分胡椒记到底是融合式烤肉、韩式烤肉还是中式烤肉。

（3）品牌的宣传散乱，缺乏系统性，未能有效构建品牌驱动力。

（4）缺乏品牌影响力，给人的感觉不足以称之为大品牌，这主要是视觉系统设计不足所致。

（5）主打产品更新缓慢，缺乏创新，未能推出新的爆款产品。

烤肉是人类历史上最早的食物烹饪方式，可以说是众多食品的起源和味道的根基。它是一种能够触及我们 DNA 深处的食物。

近些年烤肉业的兴起首先是受到韩剧的影响，在此之后，随着日本文化在中国的流行，日式烤肉也在全国范围内逐渐兴起。

烤肉的类别划分如下

（1）韩式烤肉在各类烤肉中占据主导地位。

（2）紧随其后的是日式烤肉，其价值感和形式均高于韩烤肉，且高端烤肉品牌多采用日式烤肉（凸显和牛的原产地优势）。

（3）中式烤肉具有本地特色，但尚未形成全国性的商业模式。

（4）融合烤肉的特点在于其风格和食材的多样性，以产品特色为主打。

烤肉类别与消费者之间的供需关系，以及推动类别发展的核心优势。

烤肉类别 6 大类别功能

1. 种类繁多　　　　　4. 实时现烤

2. 口感丰富　　　　　5. 久久如初

3. 味型／吃法多样（烤肉＋配菜）　6. 聚友众乐

人们对烤肉的嗅觉和触觉综合感受能够激发一种源自 DNA 的原始快感。油脂的天然香气和精心搭配的调料所产生的复合香味，能极大地激发味蕾所感受到的愉悦。而且，与食用烤串和羊肉片等较小块肉类相比，大块的烤肉能够带来更强烈的满足感。大口吃肉，实在是太过瘾了！

Q3：从您个人角度来看，您认为决定烤肉好吃的因素有哪些？（开放题）

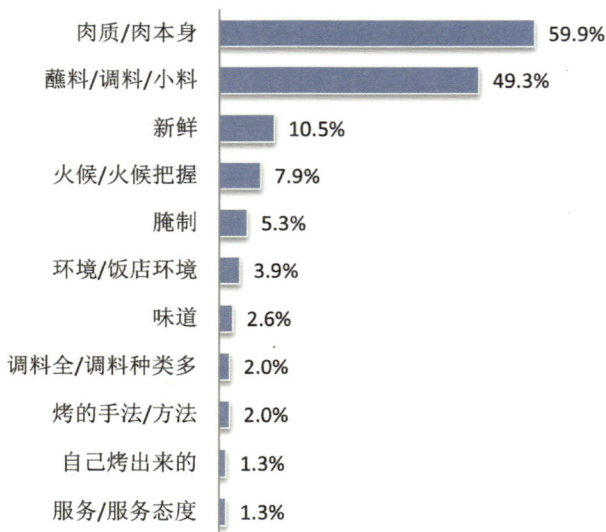

因素	比例
肉质/肉本身	59.9%
蘸料/调料/小料	49.3%
新鲜	10.5%
火候/火候把握	7.9%
腌制	5.3%
环境/饭店环境	3.9%
味道	2.6%
调料全/调料种类多	2.0%
烤的手法/方法	2.0%
自己烤出来的	1.3%
服务/服务态度	1.3%

N=152，2021 年 12 月通过线下消费者访问获得

消费者认为决定烤肉好吃的因素中"肉质／肉本身"比例较高，占 59.9%。

Q4：您一般都会跟谁一起吃？（多选题）

朋友/闺密	79.0%
家人/亲人	57.9%
男/女朋友	28.3%
同事	25.0%
爱人	20.4%
自己	5.9%
客户/合作伙伴	2.0%

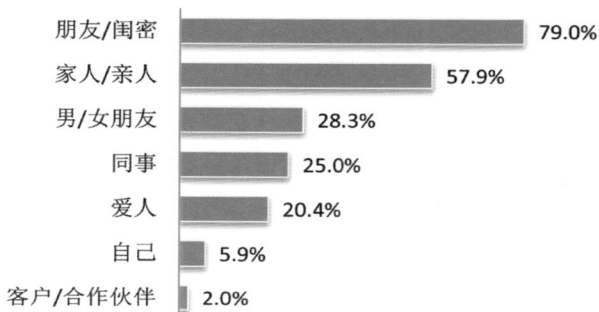

消费者一般和"朋友／闺密"一起吃的比例较高，占 79.0%。

Q5：请您回忆一下，您在烤肉店常点的五个菜品分别是什么？请按频率高低填写。（开放题）

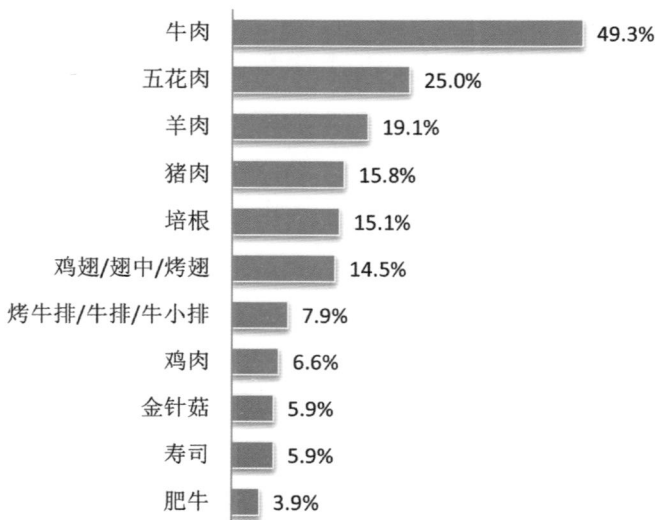

牛肉	49.3%
五花肉	25.0%
羊肉	19.1%
猪肉	15.8%
培根	15.1%
鸡翅/翅中/烤翅	14.5%
烤牛排/牛排/牛小排	7.9%
鸡肉	6.6%
金针菇	5.9%
寿司	5.9%
肥牛	3.9%

消费者在烤肉店常点的五个菜品中"牛肉"比例较高，占 49.3%。

成都在全国城市中是餐饮发展的领头羊，因此我们对成都的烤肉市场进行了走访，发现了烤肉类别的五个发展趋势：

（1）烤肉类别牛排化的发展趋势。

烤肉类别以牛肉为核心肉品，所以它的食材发展方向必然向牛排馆看齐，从而实现价值感提升。

（2）国别定类特色向肉类特色转变（融合烤肉类别表达形式）。

国别概念是一个分支，但是以肉为特色核心的趋势，正在崛起。

（3）烤肉蘸料的特色化趋势。

自助蘸料在烤肉类别并不主流，反而是品牌特色蘸料以及搭配各类产品的独特蘸料，成为烤肉类别的主流发展方向。

（4）烤肉＋产品类型的多元化。

烤肉与其他相关类型产品的复合，成为趋势。

（5）盛菜形式特色化、创意化趋势。

（6）注重颜值的趋势。

2021年12月通过线下胡椒记消费者访问获得：

Q6：凭您自身的经验，下列选项中，什么类型的肉会好吃？
（单选题）

类型	比例
原味烤肉	50.7%
原切烤肉	31.6%
厚切烤肉	17.1%
其他	0.7%

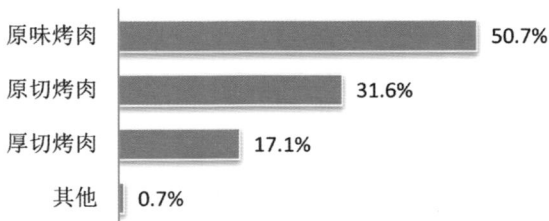

消费者认为"原味烤肉"会好吃比例较高，占50.7%。

原切和厚切在实际应用中，都没有被作为餐饮品牌定类使用，在产品层面的使用频率相对均衡。那么我们从字面意思分析：

（1）原切，表示肉的真实性，类似于不是合成肉的概念。

（2）厚切，表示肉的薄厚度，类似于肉块大小的概念。

厚切可以有效表达类别特质。

注意：这个关键词的类别特质，并没有被其他品牌使用和传播，所以这个类别特质是无主状态。

2. 胡椒记品牌战略升级方案

胡椒记品牌与烤肉类别特质厚切概念（大肉）进行强关联，在消费者心智中建立特别联系。同时放大类别特质，形成统一的类别判断标准。

在胡椒记厚切烤肉项目中，我们用什么做品牌形象？

元素和设计宗旨：

（1）国潮表现手法和国际中式元素。

（2）品牌形象三个基础标准：好识别、好记忆、好复述。

我们的品牌形象——火狮子。

新 logo

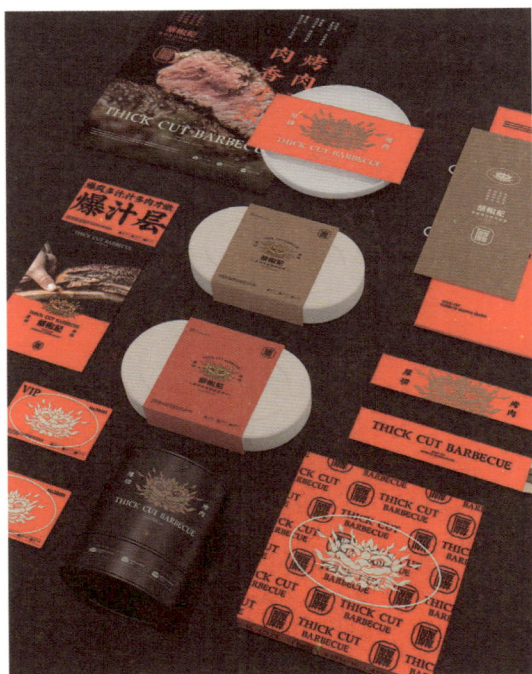

餐具包装

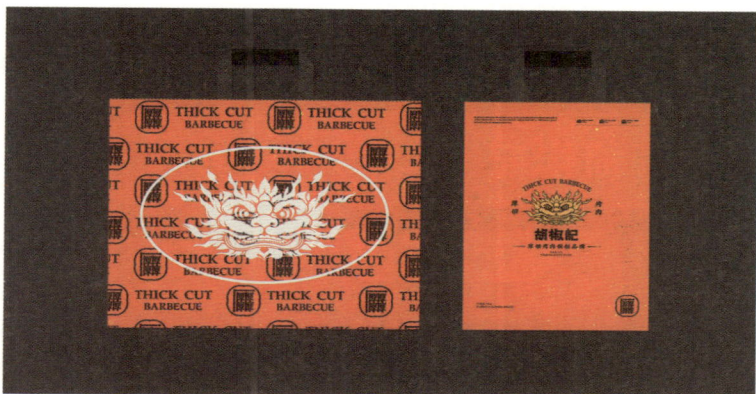

手提袋

总结

品牌名：胡椒记。

品牌定位：厚切烤肉。

形象符号：火狮子（厚 icon）。

品牌口号：厚切烤肉领创品牌。

品牌卖点：厚厚厚厚，大口吃肉。

卖点引导：烤肉要厚，肉香才浓。

厚切优势：三层肉香，满口爆爽。

（1）焦脆层：焦香四溢，焦脆烤肉香；（2）纯香层：纯正肉香，满满纯肉香；（3）爆汁层：爆爽多汁，汁多肉才嫩。

爆品打造：胡椒记——厚切战斧烤肉。

胡椒记——大口吃肉，大口喝酒，这才是人生！

门店设计

室内环境

室内环境

04

第四部分　破局

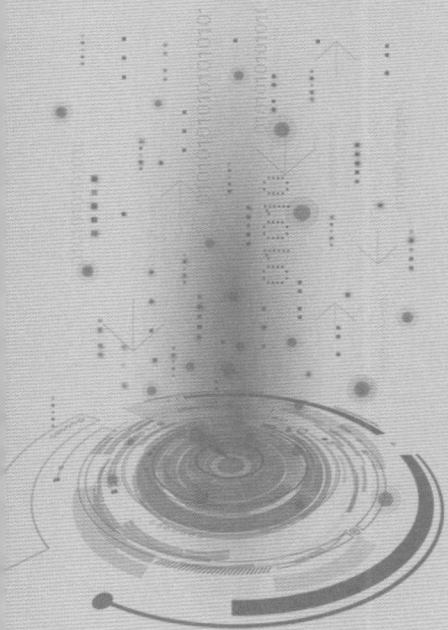

一、淄博烧烤成功的本质是什么

从 2023 年 3 月开始，淄博烧烤迎来了爆红，两个月内接待了 500 万游客，带动了 100 亿元的收入，推动了周边经济的发展。从淄博烧烤爆火开始，来淄博吃烧烤的人数逐周增加。热情的游客硬生生把夜市生意做到了午市。早上不到 10 点，店门口就已经有顾客排队，准备抢占第一拨座位。最难能可贵的是，淄博烧烤把"流量"变成"留量"。2024 年了，淄博烧烤依然火爆。

目前，网上几乎所有的商业分析都未能触及其本质。例如，有人认为是因为学生报恩，但这种解释无法解释淄博烧烤的持续火爆；还有人说是因为山东人的好客，但"好客山东"这一旅游宣传口号自 2008 年推出以来已有十五年，为什么之前不火爆呢；也有人认为是因为淄博烧烤好吃，但济南烤串和新疆烧烤也很美味，那么淄博烧烤为何如此火爆？

我们的团队早在 2020 年就开始介入淄博地摊经济的战略研究分析。

项目初期，各方面都没有明确方向，不知道地摊经济该如何发展。当时确定了一个大方向：夜经济 + 夜市 + 淄博烧烤的四小特征：小饼、小炉、小酒、小烧烤。这些特征适合"夜经济"社交，并且极具传播价值。

在 2020 年，通过走访淄博的当地夜市，包括小吃街、路边摊和大排档等，以及市场调研，发现了两个重要问题：

1. 氛围好，需求旺；

2. 环境脏乱差，管理无规范。

总结来说，就是有强烈需求，但无好的解决方案。通过综合分析，夜市是一个万亿级市场，现有夜市的业态需要全面升级，打造"夜间商业解决模型"，建立 QSC 标准（商品质量 Quality、服务质量 Service、清洁状况 Cleanli-ness）。

"夜间商业解决模型"作为北方夜市的升级，高效率地满足了消费者、投资者、社会、经营者和支持者五方的利益需求。投资者获得了回报；城市有了文化和名片，并且更加干净卫生；夜市经营者和烤串老板们赚到了钱；当地百姓有了更体面的逛街去处；本地和外地消费者可以低成本地在夜市进行快乐社交活动。淄博烧烤成功的源头是满足了消费者对北方夜市的升级需求。

北方夜市升级新模型需要提供良好的氛围感，包括：

1. 灯光的综合运用；

2. 主题活动的推广；

3. 区别于购物中心的接地气的氛围感；

4. 适合年轻人互动的娱乐性；

5. 高性价比和自由惬意的休闲感；

6. 小吃、音乐等各种组合产品的多样性。

升级夜市的核心载体应以小吃为主，其他为辅。产品选择上以烤类、炸类和烫类工艺为主，口味上做全国味型。服务对象主要是本地年轻人和外地游客。

淄博烧烤成功的本质在于北方夜市的全面升级，提升了商业效率。顾客可以花更少的钱，享受到高性价比和更具氛围感的淄博烧烤。

二、新时代如何营销破局

　　许多企业主纷纷表示，当前的经济环境不佳，经营越发艰难。特别是对于创业型企业，面临的挑战更加严峻，似乎处于一个难以突破的困境中。大多数创业型企业未能建立自己的"流量中心"，只能被迫遵守流量平台制定的游戏规则，将大部分利润上缴。面对这样的局面，创业型企业应如何破局？

　　事实上，商业社会已经进入了新时代，现在商业成功的关键是提升商业效率。在当前的商业环境中，成功不再仅仅是"对错"的问题，更是"效率"的问题。如今，商业成功的公式＝做对的事＋高效率。若想实现营销破局，必须将商业效率提高到行业前20%。

　　关于营销破局一些建议：

　　1. 建议企业主学习一些经典的管理学理论。当老板的商业认知达到前20%时，他们更有可能取得持续成功——大多数成功的老板都属于这一群体。作为一位企业主，持续学习管理学和营销学的经典理论至关重要。例如，克里斯坦森的"待办任务"理论可以帮助解答"现在做什么生意好？"的问题。如果不了解这个理论，你可能会发现市场上的各种生意都被大型企业占领了。然而，一旦真正掌握了"待办任务"理论，你将发现生意机会无处不在。例如，像"胖东来"这样的高品质食品超市在全国范围内都非常稀缺。而稀缺性，正是生意机会所在。

2. 从商业效率的角度来看，品牌命名与商业设计必须善于借势。具体而言，品牌名称和商业设计需要符合年轻人的文化和价值观，并为他们提供情绪价值。以最近非常流行的长城炮为例。谁能想到，外表甜美的小姐姐大力仑看到梦中情车，高喊"长城炮"，竟然使得长城汽车的股价连续三天上涨。长城汽车因此成为车展中最受瞩目的品牌，观众们齐声高呼"长城炮"。这句具有独特魅力的"长城炮"，为年轻人的平淡生活带来了欢乐。"长城炮"这个梗吸引了追求趣味和潮流的年轻人。

比如，白酒品牌命名可以借助祝酒词，创造一个有趣的梗。品牌可以命名为"格局倒满"，寓意是"有格局的人喝酒要倒满"。同时，配上富有创意的祝酒词："格局倒满，万事圆满。"接下来，我们可以邀请网红通过短视频传播。一旦这句话走红，品牌名也将变得家喻户晓。有朋友可能会问，如果这句话没有走红怎么办？那就换句话吧，只要方法正确，成功迟早会到来。

许多企业面临产品销量低的问题，并不是产品力不足，也不是缺乏营销人才，主要问题在于缺乏战略人才。好战略的本质在于创造竞争优势，一个卓越的战略应综合考虑生意的三个关键维度：品牌力、产品力和传播力，而不是孤立地看待这些维度。因为仅关注单一维度无法解决根本问题。在当前的商业竞争中，同时提升这三个维度是关键，只有这样，企业的商业效率才能进入前 20% 的行列。很多企业的产品销量低，主要原因在于缺乏品牌力和传播力，这会导致产品推广效率不高，从而陷入经营困境。

3. 优秀的产品无须过多营销，自身即是热点。位于河北省廊坊市的"只有红楼梦·戏剧幻城"，就是借势中国四大名著之一的《红楼梦》之名。该项目由王潮歌领衔打造，是河北省的重点文旅项目，占地面积达 228 亩，历经 8 年精心建设。首期开放区域包括 4 个大型室内剧场、8 个小型室内剧场，以及 108 个情景空间和室外剧场。剧目总时长超过 800 分钟，千余名演员参与演出，并设有演员与游客互动环节。

4. 商业认知和财富积累应该同步进行。这样，在决定投资某个项目时，我们能够拥有独立的判断能力。首先，应用克里斯坦森的"待办任务"理论，分析项目是否发现和解决了社会问题。其次，评估项目在三个核心维度"品牌力、产品力、传播力"上的表现。

品牌设计是否符合年轻人的文化和价值观？

品牌是否为年轻人提供了情绪价值？

品牌是否借势了文化资源？

企业是否建立了与用户的有效沟通机制？

产品是否根据用户反馈进行了迭代更新？

传播力如何，品牌和产品在自媒体上是否获得了广泛关注？

最后，评估这些维度的综合表现是否能使其在所在行业内排名前 20%。通过这些方面的分析，你就能够避免投资于商业效率不高的项目。商业认知能够帮助你发现那些具有稀缺性的项目，从而提升投资效率。

5. 我们可以研究先进市场中的破局案例。为什么要在先进市场寻找商机呢？因为历史往往会重演，之前在先进市场取得成功的商业模式，很可能在次一级市场也能取得成功。三线市场可以从二线市场寻找商机，二线市场可以从一线市场寻找商机，一线市场则可以到海外市场寻找商机。

1980 年，日本木内正夫创办了"无印良品"公司。无印良品是一个日本杂货品牌，其名字在日文中意为"没有品牌标志的好产品"。产品类别以日常用品为主，倡导纯朴、简洁、环保和以人为本等理念，其包装和产品设计均不带有品牌标志。

无印良品倡导理性消费，强调实用性而非流行性，以平实的价格还原商品的真实价值。其设计风格以极简为主，大部分产品主打白色、米色、黑色或原木色，与传统过度生产的商品形成鲜明对比。

随着经济的快速发展，人们开始寻找"真正的自我"，品牌的差异化成为吸引消费者的关键。追求自我和个性，成为这个时代的标志。社会总会经历追求奢华名牌的阶段，日本也曾走过这条路。

无印良品引导人们从购买奢侈品炫富，转向挑选符合自己审美观的物品，享受舒适的生活；倡导人们关注"如何使用物品"以及"通过物品实现什么样的生活"，而不是单纯地"持有"物品。无印良品希望给顾客一种"这东西就够了"的满足感，而非不断索取的欲望。在物质高度饱和的时代，消费者的幸福观念已发生改变，不炫耀的消费逐渐成为主流价值观。

我们目前的情况是，年轻消费者普遍希望以较低的价格购买到高品质的商品。那么如何实现低价销售高品质商品呢？

在北京，路边的商铺和购物中心的租金实在昂贵，导致很多美甲、美容、美发、图文店、摄影店、培训机构等服务类小店纷纷迁至商住楼。例如，北京市朝阳区北苑东路的中国铁建广场，靠近 13 号线北苑站的商住楼，距离北苑龙湖天街仅几十米，面积不到 90 平方米的房屋月租仅需几千元。目前，这些服务型小店通过大众点评、美团和小红书等网络平台进行宣传。它们的价格仅为路边商铺或购物中心同类服务的一半，这使得年轻人可以花更少的钱享受相同的服务。同时，这也大幅减少了店主创业所需的投资成本。若经营得当，还可以购买商住楼。自北京 2017 年 3 月 17 日实施商住限购政策以来，北京商住房价格已降至高点的一半左右，其投资回报率普遍超过 3%，比存款利息高。

许多大型服务类门店，通常位于路边底商或购物中心，由于房租昂贵，其服务价格也相对较高。未来，这种小型服务工作室将受到更多追求性价比的年轻人的青睐。小型工作室不仅在价格上有优势，通常由从大公司出来的创业者创办，他们的服务技能水平也高于行业平均水平。因此，选择小型工作室不仅价格实惠，服务质量也有保障。

当前年轻消费者更加注重高性价比和高品质。因此，企业不应通过降低产品品质来削减成本，因为这会损害消费者的信任。

我认为开设小型工作室非常适合从大型企业出来的程序员和经理们创业。总投资不高，装修成本也低，可以逐步打磨产品。虽然是小工作室，但如果能把产品打磨得比大公司还好，就很容易生存下来。一个工作室成功后，还可以低成本复制，从而将小生意做大。

　　小型工作室的盛行对大公司产生了内卷效应，迫使其进一步提升商业效率。否则，小型工作室因服务优质且价格低廉，将会使大公司难以与之竞争。服务类企业的发展趋势是小型化和去中心化，以提高行业整体的商业效率。

★优秀员工在商住楼开设工作室，提供高性价比的服务，就是提升商业效率。

后记

感谢读者阅读本书，"企业如何破局"是一个备受关注的主题。现如今的商业竞争已经进入了"效率"时代，仅凭小聪明已难以取得显著成功。企业若想破局，必须在"品牌力、产品力、传播力"三大维度上努力提升商业效率，通过精确的营销战略创造竞争优势，从而提高品牌的转化率。

现在，我们将整合"提升商业效率"的理论，形成一个全面的战略体系。这一体系将涵盖生意机会、类别趋势、品牌命名、品牌设计、商业设计、品牌定位、品牌口号、品牌形象、品牌借势、文化资源、精神需求、情绪价值、产品开发、用户反馈、产品迭代、品牌与产品传播等多个方面，旨在构建一个"提升商业效率"的战略系统。通过这一系统，我们将统一解决企业面临的战略挑战。

好产品是如何诞生的？好产品不仅仅是策划出来的，许多好产品是赛马机制跑出来的。元气森林的0糖0脂0卡气泡水就是从几十种产品里赛马跑出来的。而我们所使用的微信和拼多多，同样是通过企业内部赛马机制跑出来的。就连董宇辉也是从几十名主播里赛马跑出的，成为转化率最高的一位，因此大量投流费都被投入到了他的身上，因为这样能获得最大的回报。"提升商业效率"战略系统帮助企业建立了一套赛马机制，可以根据不同目标客户群体推出多个产品品牌。最后，企业投资资金都会流向转化率最高的产品，以获取最大的投资回报。

字节跳动旗下涵盖了众多产品，包括抖音、今日头条、懂车帝、西瓜视频、Faceu激萌、飞书、皮皮虾、火山小视频、轻颜相机、悟空回答、飞聊、多闪短视频社交、番茄小说、图虫、巨量引擎、剪影和小荷健康等。实际上，抖音也是通过赛马机制发展起来的项目。由于抖音是字节跳动收入的核心，因此在2022年5月6日，字节跳动公司更名为抖音集团。

"提升商业效率"战略系统适用于大型企业、中型企业和创业型企业。例如，京东应如何提升商业效率以增强与拼多多的竞争力？如果京东在价格上与拼多多竞争，可能会处于劣势，原因如下：从员工数量来看，京东平台拥有超过50万名员工，而拼多多仅有1.3万名员工。京东在工资和社保方面的支出是拼多多的几十倍。此外，京东拥有八大仓库，分别位于北京、上海、广州、沈阳、武汉、西安、成都和德州。截至2022年3月31日，京东物流运营约1400个仓库，总仓储面积超过2500万平方米。而拼多多平台上的产品则由商家自行发货。京东比拼多多多出48万名员工，还有2500万平方米的仓库成本，因此在低价方面上超越拼多多是非常困难的，因为拼多多在低价方面上的商业效率高于京东。

京东试图通过618等促销活动在低价方面与拼多多竞争，这不仅难以实现，而且不可持续。战略性问题不能通过战术手段解决。京东的八大仓库既是成本也是优势。京东可以借鉴胖东来的做法，建立八大检测中心，对进入八大仓库的产品进行全方位检测。

这样做可以解决一些社会问题：

（1）消费者往往误以为品牌和型号相同，产品就完全一致。然而，不同批次的产品可能采用不同的供应商，导致产品质量存在差异。

（2）消费者普遍认为，只要有检测报告就意味着产品安全。但事实上，这些检测报告通常由商家自行提交，检测样品与实际销售的产品可能不一致。此外，商家提供的检测报告往往只涵盖最基本的检测项目，还有一些对健康不利的项目并未被检测。

（3）对于中产阶级及以上的客户而言，他们对食品、家居、服装等产品的安全性要求极高。只有对库存中同批次的产品进行全面检测，才能满足这个需求。

（4）京东拥有庞大的员工队伍，这是一个显著优势。由于市场上产品种类繁多，每种产品可能含有不同的有害物质，一个小团队难以全面掌握所有信息。因此，需要建立众多专业团队，分别深入研究各个产品类别。

京东可以推出自营库房全检 VIP 会员服务，为全检 VIP 顾客购买的每批次产品实施严格的全面检测。全检 VIP 会员将享有优先购买这些经过严格检测产品的特权。由于电商平台销售的 SKU 数量庞大，全面检测所有批次产品是不现实的。因此，选择性地检测部分产品，并仅向超级 VIP 客户提供，是一种切实可行的营销策略。

制定有效的营销战略来创造竞争优势。京东在这方面具有特别的优势，因为消费者在京东购买的产品以自营商品为主，自营商品都存放在京东的仓库中。而拼多多、淘宝和天猫的商品则由各自商家自行存放。

拼多多通过在低端市场的切入实现了颠覆式创新，逐渐进入了主流市场。京东也可以通过满足未被满足的小众市场，即那些更注重健康的中产阶级客户，来实现颠覆式创新。从长远来看，随着国家 GDP 的增长，中产阶级将逐渐扩大。如果京东实施自营产品全面测试的营销策略，最终将有望成为行业领导者。

创业型企业更需实施"提升商业效率"的战略系统。只有创造出竞争优势，创业型企业才能在如今高度竞争的市场环境中生存并发展。

创业型企业一定要理解克里斯坦森教授的"待办任务"理论。顾客购买了你的产品，你帮助客户更好地完成了他需要完成的任务，你把钱赚了，顾客还需要感谢你。这样的生意才是好生意，社会价值、经济价值都得到了。

顾客需要完成表达"礼重情义浓"的任务，当遇到送礼对象不喝酒送什么合适呢？聪明的人会选择万能的茶叶，我认为小罐茶就是茶叶界的茅台。普通人很难判断茶叶的价值，因为中国茶的品类、产区、级别数不胜数，别说行业小白，就算喝茶十几年的行家，在面对不同价格的两堆茶叶前，也很难准确判断二者的价值。

小罐茶的高明之处是，用工业化的思维把茶叶打造成一个标准化的消费品，统一重量，统一包装，统一价格，多泡装罐子标准容量是 50 克。这样送出去的茶叶，别人可以知道它的价值，就可以感受到送礼人的诚意。小罐茶更好地帮助顾客完成了送礼任务。

顾客"雇用"小罐茶完成送礼的任务，收到小罐茶的人感受到了尊重，小罐茶品牌方赚到了利润，所有人都是受益方。

许多创业型企业之所以失败，是因为未能打造"用途品牌"。以南方某地的特色农产品为例，他们仅创建了一个品牌来销售大米、木耳、茶叶等初级农产品。这种品牌属于"特产品牌"，若该地区并非旅游城市，其商业效率往往不高。那么，应该如何改进呢？例如，大米可以定位为低糖低脂的健康选择，这就是"用途品牌"的典型案例。

"提升商业效率"战略系统，让我们在开发新产品时，拥有更充分的依据。企业主和管理人员将更清晰地理解品牌和产品的发展方向，创业不再是依赖运气的模式。

关于"提升商业效率"的理论，这本书仅为一个开端。未来，我们将创作更多关于企业营销破局的原创案例。

最后预告下本书的续作《破局 2：类别发展规律与需求升级路径》正在写作中。类别的含义是类别化认知。类别是我们简化认知世界的方法，类别化认知的结果会形成类别化需求。对类别需求规律进行系统性的研究，可以有效预测需求的升级路径。企业若想破局，必须运用科学营销系统，判断出类别的发展规律，找到类别需求的升级路径。未来品牌定位是否符合类别的发展方向和路径是成败的关键。

感谢各位读者的持续关注，祝愿大家一切顺利。

思维转身

——读《破局》有感

今年春节后，我与作者赵宁沟通营销战略项目时，他谈及近期正在写一本关于营销战略方面的书，随后将此书的初稿发给我，希望我看后提些宝贵意见。由于当时忙于工作，两天后我才打开阅读，没承想一旦看起来就放不下了，除了睡觉、吃饭，我花了两天时间，从早看到晚，就把这本书看完了。我边看边思考，看后还在回味书中的内容，因为书中系统的阐述与案例分析，帮我解开了近期发生的一些新商业现象背后的逻辑，并理解了去年年初他向我引荐的刘高原及他做过的一些营销案例，并对提升商业效率有了颠覆式的重新认识。

2023 年，我国消费力大幅下降，房地产过剩，相关行业严重萧条，很多行业"内卷"严重，总之，2023 年让大多数人感到了前所未有的压力。但是在这当中，还是有一些迎着困难、逆流而上的企业，在极限的竞争中创造出独特的优势并出现了业绩增长。它们不仅进行了组织创新、成本做到极致，而且还深入了解客户需求，进行了品牌创新与产品创新。比如小米汽车、比亚迪、蔚来、理想、小鹏等新能源汽车厂家的增程式电动汽车，元气森林"0糖0脂0卡"的特性产品，胖东来超市提供的高品质、高性价比商品，人民咖啡馆（前门店）的中国特色等，都引发了市场的高度关注，以及消费者的热烈追捧。

为什么消费者选择了这些产品？因为它们高效率地满足了用户需求，即它们发现了社会问题，并找到了解决问题的方式，才迎来了爆发式增长，最终实现了企业发展的"破局"。这个"破局"的核心是这些企业制定了很好的营销战略，提升了商业效率，在这个时代发展的转换期，使它们能够站在更高层级上与同行业竞争，从而实现营销破局。因此，对于目前需要快速转型的广大企业来说，不仅需要制定营销战略，而且对营销战略的依赖性会更为显著。

1990年，国务院学位委员会批准设立MBA专业学位和试办MBA教育，助力中国企业管理专业化，1991年首批9所试点院校开始招生成为中国MBA教育的起点，同时中国本土咨询机构相继诞生。进入21世纪的第一个十年，中央电视台经济部2000年7月全新改版之后推出的《对话》栏目成为管理和营销思想与理论在中国传播的主推力，再加上各大高校MBA学生相继走上企业的工作岗位，本土咨询机构与国外咨询机构成为发达地区与发达城市本土企业管理专业化、营销专业化的智囊。迈克尔·波特的竞争战略、菲利普·科特勒的营销理论、里斯和特劳特的定位理论、克莱顿·克里斯坦森的颠覆性创新理论和客户目标完成理论在中国进行了广泛的传播。叶茂中老师是中国最早将西方管理和营销思想与理论运用于企业实践的几位中国本土营销大师之一，他结合中国本土企业实践总结出了"冲突营销理论"。进入 21 世纪的第二个十年，中国本土企业，尤其是沿海发达地区和发达城市，不管是管理实践和营销实践，逐步开始重视落地实施效果，尤其是营销战略规划，这也成为对咨询顾问行业纵深与实战经验考量的关键。在这场营销战略实战中，出现了不少经典案例，比如海澜之家、西贝莜面村、元气森林、淄博烧烤、呼和浩特宽巷子、辣员外重庆火锅、胡椒记、人民咖啡馆（前门店）等。

正如北京大学新结构经济学研究院院长林毅夫老师所说，西方主流经济理论总结于发达国家经验，无法放之四海皆准，若是拿到发展中国家直接运用，必然有"淮南为橘，淮北为枳"的局限性，我们应了解自己的实际情况，中国经济学理论要结合中国实践经验、马克思历史唯物主义基本原理和现代经济学研究范式进行创新。那么中国管理和营销学思想与理论创新也必将在中国本土企业的咨询实践中得到快速发展，叶茂中老师已经为此做了探索与示范。

从历史来看，2021 年前的四十余年的这种机会窗口注定是短暂的，因为时代红利是会消失的，比如人口红利，之前的制造业之所以发展这么快，依靠的也是大量便宜的劳动力红利，2021 年前的后二十年加上了房地产这个助推器，大量人口进城带来了城镇化快速发展。但是现在这个条路行不通了，因为低成本时代已经过去了。由于疫情的原因，推迟到 2023 年年初才开始改变思路，我们被逼迫着开始收缩战线，聚焦主业，从规模生产转变成精耕细作，并且要不断地在本领域进行精耕细作，提升技术效率。只有发现消费者未被满足的需求，才能跑赢同行。

2024 年的市场正在进入最关键的转换期，接下来整个市场都会发生很大的变化。很多传统的规则和做法都将逐步被新概念和新商业所取代，越来越多的新鲜事物将接二连三地发生，而这些新鲜的事物会打破原有的平衡，形成新的市场生态。在这个时候，若是企业能做好自身的营销战略规划，就可以实现超越和成功转身，在这个新的市场生态中站稳脚跟。

市场里没有最强的企业家，只有时代的弄潮儿。对于企业来说顺应中国大时代的发展趋势、消费趋势，更是一种站在用户视角的顺势而为。一个企业要学会借势，尤其是战略咨询团队的势。他们的成功经验，一个优秀的营销战略可以指引企业找到有效服务的细分市场，并对每个细分市场的独特性和不同之处进行细致的战略思考、识别，并以"打造现象级产品"的方式满足细分市场的需求，这是企业营销破局的关键。破局并抓住时机才会使企业链接到更大的舞台。

李平

2024 年 5 月 8 日子时

（李平，原北大纵横管理咨询集团管理咨询师，现北京蔚智蓝管理咨询有限责任公司合伙人。）

参考文献

1. 叶茂中. 一半营销一半艺术 [M]. 北京: 机械工业出版社, 2022.

2. 克莱顿·克里斯坦森. 与运气竞争: 关于创新与消费者选择 [M]. 北京: 中信出版集团股份有限公司, 2018.

3. 克莱顿·克里斯坦森. 颠覆性创新 [M]. 北京: 中信出版集团股份有限公司, 2019.

4. 克莱顿·克里斯坦森. 创新者的窘境 [M]. 北京: 中信出版集团股份有限公司, 2020.

5. 菲利普·科特勒, 凯文·莱恩·凯勒, 亚历山大·切尔内夫. 营销管理 第 16 版 [M]. 北京: 中信出版集团股份有限公司, 2022.

6. 迈克尔·波特. 竞争战略 [M]. 北京: 中信出版集团股份有限公司, 2014.

7. 雷军, 徐洁云. 小米创业思考 [M]. 北京: 中信出版集团股份有限公司, 2022.